# Técnico/a Superior de Laboratorio

AF173908

## SERVICIO DE SALUD DE CASTILLA-LA MANCHA (SESCAM)

Si aún no dispones de tu **Curso MAD360**, te ofrecemos un acceso GRATIS de 30 días para que disfrutes de los siguientes recursos:

- Técnicas de Memoria 360.
- MADTEST: Test *online* Nivel PRO.
- Temario en formato digital.
- Planificación de estudio.
- Foro entre opositores hasta la fecha del examen.*
- Recursos y novedades exclusivas.
- Consúltanos sobre tu oposición y proceso selectivo.
- Actualizaciones legislativas (Boletines Oficiales) hasta 60 días antes de la fecha del examen.*

Para acceder a esta prueba del Curso MAD360** será necesaria la compra de todos los libros para esta especialidad de la edición 2025.

Regístrate en **mad.es/iniciar-sesion** y en la pestaña BIBLIOTECA valida los códigos que encuentras en la última página de tus libros.

---

**NOTA IMPORTANTE:**

\* Examen de esta categoría profesional correspondiente a la convocatoria siguiente a la publicación de este libro, o hasta el 30 de junio de 2026, lo que se cumpla antes, y previa renovación del servicio.

\*\* El acceso al CURSO MAD360 estará disponible desde junio de 2025 (algunos recursos podrían estar disponibles en fecha posterior). Tendrá una duración de 30 días RENOVABLES mediante pago, desde la validación de códigos, o hasta el 31 de diciembre de 2026, lo que se cumpla antes.

MAD se reserva el derecho a ampliar dichas fechas.

# Técnico/a Superior de Laboratorio del Servicio de Salud de Castilla-La Mancha (SESCAM)

# Técnico/a Superior de Laboratorio del Servicio de Salud de Castilla-La Mancha (SESCAM)

## Test del Temario

Autores

**DOMINGO GÓMEZ MARTÍNEZ**
Licenciado en Derecho
Técnico de Función Administrativa

**FRANCISCO JESÚS TORRES FONSECA**
Licenciado en Derecho

**JUAN CARLOS USERO LÓPEZ**
Licenciado en Derecho

**JOSÉ LUIS GARRIDO VELA**
Licenciado en Derecho

**ENCARNA ROJO FRANCO**
Redactora Senior
Oposicions i Cursos Professionals

**MOISÉS CAYETANO RODRÍGUEZ**
Licenciado en Historia
Master y Técnico Superior en Prevención de Riesgos Laborales

**TERESA MARÍA TORRES FONSECA**
Licenciada en Derecho

**M.ª DEL CARMEN SILVA GARCIA**
Diplomada Universitaria en Enfermería
Técnica Superior de Laboratorio

**M.ª JOSÉ GARCÍA BERMEJO**
Licenciada en Biología
Técnica Superior de Laboratorio

© 7 Editores Recursos para la Cualificación Profesional y el Empleo, S.L. (7 Editores)
© Los autores
Primera edición, ssjunio 2025 (270 páginas)
Derechos de edición reservados a favor de 7 Editores
IMPRESO EN ESPAÑA
Diseño Portada: 7 Editores
Edita: 7 Editores
Avda. San Francisco Javier, 9 · Edificio Sevilla 2 · Planta 11 · Módulos 25-27 · 41018 Sevilla
Teléfono: 954 784 411 · WEB: www.mad.es · e-mail: administracion@7editores.com
ISBN: 978-84-142-9575-5
© "Editorial Mad" y "Eduforma" son nombres comerciales registrados de
7 Editores Recursos para la Cualificación Profesional y el Empleo, S.L.

# Índice

**TEST PARTE COMÚN**

# TEST PARTE ESPECIFICA

# TEST COMÚN

**La Constitución Española: derechos y deberes fundamentales. La protección de la salud en la Constitución. El Estatuto de Autonomía de Castilla-La Mancha: Instituciones de la Comunidad Autónoma de Castilla-La Mancha. Competencias de la Junta de Comunidades de Castilla-La Mancha. La igualdad efectiva entre hombres y mujeres. Políticas de igualdad. Medidas de protección integral contra la violencia de género**

**1. ¿En qué se fundamenta la Constitución Española?**

a) En un Estado social y democrático de Derecho.
b) En la indisoluble unidad de la Nación española.
c) En la independencia de los poderes del Estado.
d) En la organización territorial del Estado.

**2. Según el artículo 3 de la CE, el castellano es la lengua oficial del Estado y todos los españoles:**

a) Tienen el deber de usar y el derecho de conocer el castellano.
b) Tienen el derecho y el deber de conocer el castellano.
c) Tienen el deber de conocer y el derecho de usar el castellano.
d) Tienen el derecho de conocer y usar el castellano.

**3. La Constitución Española reconoce y garantiza el derecho a la autonomía:**

a) De las nacionalidades que la integran.
b) De las regiones que la integran.
c) De las Comunidades Autónomas que la integran.
d) De las nacionalidades y regiones que la integran.

**4. El Preámbulo de la Constitución:**

a) Tiene en sí carácter de norma jurídica.
b) Es una declaración de intenciones, destinada a interpretar lo que se quiere alcanzar con el contenido normativo de la Constitución.
c) Se trata de un texto sin fuerza jurídica de obligar.
d) Las respuestas b) y c) son correctas.

**5. Señala la afirmación correcta, respecto de la aprobación, ratificación y publicación de la Constitución Española:**

a) Aprobada por las Cortes el 31 de octubre de 1978, ratificada por el pueblo en referéndum el 6 de diciembre de 1978 y publicada el 29 de diciembre de 1978.

b) Aprobada por las Cortes el 30 de octubre de 1978, ratificada por el pueblo en referéndum el 16 de diciembre de 1978 y publicada el 27 de diciembre de 1978.

c) Aprobada por las Cortes el 31 de octubre de 1978, ratificada por el pueblo en referéndum el 16 de diciembre de 1978 y publicada el 29 de diciembre de 1978.

d) Aprobada por las Cortes el 10 de octubre de 1978, ratificada por el pueblo en referéndum el 26 de diciembre de 1978 y publicada el 30 de diciembre de 1978.

**6. ¿En qué parte de la Carta Magna se establece la exposición de motivos que impulsan la norma constitucional y los objetivos que con ella se pretenden alcanzar?**

a) En el Título preliminar.
b) En el Preámbulo.
c) En el Título I.
d) En el Título II.

**7. La Constitución Española fue sancionada por:**

a) El Rey.
b) El Presidente del Congreso.
c) Las Cortes Generales.
d) El Presidente del Gobierno.

**8. ¿Cuáles de los siguientes españoles de origen pueden ser privados de su nacionalidad?**

a) Exclusivamente los miembros de grupos terroristas.

b) Los miembros de grupos terroristas y los que atenten contra el Rey u otro miembro de la Casa Real.

c) Los que atenten contra un miembro de la Familia Real o del Gobierno de la Nación.

d) Ningún español de origen podrá ser privado de su nacionalidad.

**9. Según la CE son fundamentos del orden político y la paz social:**

a) La dignidad de la persona, los derechos violables que les son inherentes y el respeto a la ley.

b) La dignidad de la persona, el desarrollo limitado de la personalidad y el respeto a la ley.

c) El respeto a la ley, a los reglamentos administrativos y demás disposiciones legales.

d) La dignidad de la persona, los derechos inviolables que le son inherentes, el libre desarrollo de su personalidad, el respeto a la ley y a los derechos de los demás.

**10. ¿Cuál de los siguientes es considerado por la CE como uno de los valores superiores del ordenamiento jurídico?**

a) La jerarquía normativa.
b) El pluralismo político.
c) La publicidad normativa.
d) La equidad.

**11. La forma política del Estado español es:**

a) Democracia parlamentaria.
b) Gobierno parlamentario.
c) Monarquía parlamentaria.
d) República democrática.

**12. La parte de la CE que regula la estructura de los principales órganos del Estado recibe el nombre de:**

a) Parte dogmática.
b) Parte orgánica.
c) Parte estatal.
d) Parte estructural.

**13. Según la CE, la soberanía nacional:**

a) Corresponde a las Cortes Generales, al estar compuestas por los representantes del pueblo.
b) Corresponde al Rey.
c) Reside en el pueblo español.
d) Corresponde al Gobierno de la Nación elegido directamente por el pueblo.

**14. El derecho a la propiedad en nuestra Constitución es un Derecho:**

a) Inherente a la condición humana.
b) Absoluto.
c) Limitado por la función social del mismo.
d) Ninguna de las respuestas anteriores es correcta.

**15. ¿En qué parte de la Carta Magna se señalan los valores superiores del ordenamiento jurídico?**

a) En el Preámbulo.
b) En el Título Preliminar.
c) En el Título I.
d) Ninguna respuesta es correcta.

**16. ¿Cuál de las siguientes es una de las características de nuestra Constitución de 1978?**

a) Consensuada.
b) Corta.

c) Conservadora.
d) Original

**17. Son el fundamento del orden político y de la paz social:**

a) El libre desarrollo de la personalidad.
b) Los derechos inviolables que les son inherentes.
c) El respeto a la ley y a los derechos de los demás.
d) Todas las respuestas son correctas.

**18. ¿Qué quedará excluido de extradición?**

a) Los delitos criminales.
b) Los delitos políticos.
c) Los actos de terrorismo.
d) Ninguno.

**19. ¿Qué debe ser democrático, a tenor de lo dispuesto en la Constitución Española, en los sindicatos de trabajadores y las asociaciones empresariales?**

a) Su funcionamiento.
b) Su estructura interna.
c) Su funcionamiento y estructura interna.
d) Sus órganos asamblearios.

**20. ¿De cuántos Capítulos consta el Título I de la CE de 1978?**

a) De tres.
b) De cinco.
c) De dos.
d) De cuatro.

En MADTEST tienes **más preguntas de este tema**, y todos tus avances quedan registrados y se reflejan en el ranking.

**¡Supera tus límites con MADTEST!**

# Solución al test n.º 1

**1.** b) En la indisoluble unidad de la Nación española.

**2.** c) Tienen el deber de conocer y el derecho de usar el castellano.

**3.** d) De las nacionalidades y regiones que la integran.

**4.** d) Las respuestas b) y c) son correctas.

**5.** a) Aprobada por las Cortes el 31 de octubre de 1978, ratificada por el pueblo en referéndum el 6 de diciembre de 1978 y publicada el 29 de diciembre de 1978.

**6.** b) En el Preámbulo.

**7.** a) El Rey.

**8.** d) Ningún español de origen podrá ser privado de su nacionalidad.

**9.** d) La dignidad de la persona, los derechos inviolables que le son inherentes, el libre desarrollo de su personalidad, el respeto a la ley y a los derechos de los demás.

**10.** b) El pluralismo político.

**11.** c) Monarquía parlamentaria.

**12.** b) Parte orgánica.

**13.** c) Reside en el pueblo español.

**14.** c) Limitado por la función social del mismo.

**15.** b) En el Título Preliminar.

**16.** a) Consensuada.

**17.** d) Todas las respuestas son correctas.

**18.** b) Los delitos políticos.

**19.** c) Su funcionamiento y estructura interna.

**20.** b) De cinco.

**Ley General de Sanidad: organización general del Sistema Sanitario Público.; Los Servicios de Salud de las Comunidades Autónomas y Las Áreas de Salud. Ley de Ordenación Sanitaria de Castilla-La Mancha: Disposiciones generales. Plan de Salud de Castilla-La Mancha, Competencias de las Administraciones Públicas: El Servicio de Salud de Castilla-La Mancha: funciones, organización y estructura**

**1. Señala cuál de las siguientes es una de las funciones del Consejo de Gobierno de la Junta de Comunidades de Castilla-La Mancha:**

a) Controlar e inspeccionar las actividades del Sistema Sanitario de Castilla-La Mancha y su adecuación al Plan de Salud.

b) Aprobar el reglamento de estructura y funcionamiento del Servicio de Salud de Castilla-La Mancha en los términos marcados en la Ley de Ordenación Sanitaria.

c) Autorizar, catalogar y, en su caso, acreditar los centros, servicios y actividades sanitarias, así como el mantener los registros pertinentes.

d) Aprobar la delimitación, dentro de las Áreas de Salud, de las Zonas Básicas de Salud y de cualquier otra ordenación.

**2. ¿Cuál es la definición de Sistema Nacional de Salud que establece la Ley General de Sanidad (Ley 14/1986, de 25 de abril)?**

a) Es el conjunto de los Servicios de Salud de las Comunidades Autónomas, coordinados en el Consejo Interterritorial del Sistema Nacional de Salud.

b) Es el conjunto de los Servicios de Salud dependientes del Instituto Nacional de la Salud y de los Servicios de Salud de las Comunidades Autónomas en los términos establecidos en la Ley General de Sanidad.

c) Es el conjunto de los Servicios de Salud de la Administración del Estado y de los Servicios de Salud de las Comunidades Autónomas en los términos establecidos en la Ley General de Sanidad.

d) Es el conjunto de los servicios de Salud de las Comunidades Autónomas y de las Corporaciones Locales en los términos establecidos en la Ley General de Sanidad.

**3. El objeto de la Ley General de Sanidad es:**

a) La reforma del sistema sanitario privado.

b) Las necesidades de mejora en los servicios prestados a los ciudadanos extranjeros.

c) La distribución de competencias entre el Estado y las Comunidades Autónomas y las Corporaciones Locales.

d) Hacer efectivo el derecho a la protección de la salud.

**4. Según dispone la Ley 14/1986, de 25 de abril, General de Sanidad, son titulares del derecho a la protección de la salud y a la atención sanitaria:**

a) Únicamente los ciudadanos manchegos.

b) Todos los españoles.

c) Cualquier ciudadano.

d) Todos los españoles y los ciudadanos extranjeros que tengan establecida su residencia en España.

**5. Los medios y actuaciones del sistema sanitario estarán orientados prioritariamente a:**

a) La curación y la rehabilitación.

b) La promoción de la salud.

c) Atender los grupos de riesgos desde el punto de vista sanitario.

d) La promoción de la salud y la prevención de las enfermedades.

**6. ¿Cómo se denominan –según lo dispuesto en la Ley General de Sanidad– las estructuras fundamentales del sistema sanitario en las Comunidades Autónomas, responsables de la gestión unitaria de los Centros y establecimientos de los Servicios de Salud de las Comunidades Autónomas?**

a) Centros hospitalarios.

b) Áreas de Salud.

c) Delegaciones Provinciales de Salud.

d) Centros de Salud.

**7. ¿En qué artículo de la Constitución de 1978 se reconoce el derecho a la protección de la salud de todos los ciudadanos?**

a) En el artículo 23.

b) En el artículo 32.

c) En el artículo 34.

d) En el artículo 43.

**8. Las Áreas de salud se distribuyen, de forma desconcentrada, en demarcaciones territoriales delimitadas, teniendo en cuenta factores de diversa índole, pero sobre todo, respondiendo a unas ideas principales, entre las que no figura:**

a) Proximidad de los servicios a los usuarios.
b) Gestión descentralizada.
c) Gestión participativa.
d) Recursos económicos de la comunidad.

**9. ¿A quién corresponde elaborar el reglamento de composición y funcionamiento del Servicio de Salud de Castilla-La Mancha?**

a) A la Consejería competente en materia de sanidad.
b) Al Consejo de Gobierno de la Junta de Comunidades de Castilla-La Mancha.
c) Al Ministerio competente en materia sanitaria.
d) Al Consejo Económico y Social.

**10. La ordenación territorial de los Servicios de Salud será competencia:**

a) Del Estado.
b) De las Comunidades Autónomas.
c) De los Ayuntamientos.
d) De las Diputaciones Provinciales.

**11. Señala la respuesta incorrecta respecto al Consejo de Dirección del Área de Salud:**

a) El Consejo de Dirección estará formado por la representación de la Comunidad Autónoma, que supondrá el 50 por 100 de los miembros de aquel, y los representantes de las Corporaciones Locales, elegidos por quienes ostenten tal condición en el Consejo de Salud.
b) Al Consejo de Dirección del Área de Salud corresponde formular las directrices en política de salud y controlar la gestión del Área, dentro de las normas y programas generales establecidos por la Administración autonómica.
c) Al Consejo de Dirección le corresponde el establecimiento de los criterios generales de coordinación en el Área de Salud.
d) Una de las funciones del Consejo de Dirección del Área es la aprobación del proyecto del Plan de Salud del Área, dentro de las normas, directrices y programas generales establecidos por la Comunidad Autónoma.

**12. ¿Qué título de la Ley 14/1986, de 25 de abril, General de Sanidad, regula la estructura del sistema sanitario público?**

a) El Título II.
b) El Título III.

c) El Título V.
d) El Título VI.

**13. Señala cuál de los siguientes no es uno de los factores a tener en cuenta a la hora de delimitar las áreas de salud:**

a) Factores socioeconómicos.
b) Factores religiosos.
c) Factores culturales.
d) Factores climatológicos.

**14. Como regla general, y sin perjuicio de las excepciones a que hubiera lugar, el Área de Salud extenderá su acción a una población:**

a) No inferior a 50.000 habitantes ni superior a 150.000.
b) No inferior a 100.000 habitantes ni superior a 250.000.
c) No inferior a 200.000 habitantes ni superior a 250.000.
d) No inferior a 200.000 habitantes ni superior a 350.000.

**15. Señala la respuesta incorrecta respecto a las Áreas de Salud:**

a) Cada Área de Salud estará vinculada o dispondrá, al menos, de un hospital general, con los servicios que aconseje la población a asistir, la estructura de esta y los problemas de salud.
b) El hospital es el establecimiento encargado tanto del internamiento clínico como de la asistencia especializada y complementaria que requiera su zona de influencia.
c) Las Áreas de Salud se delimitarán teniendo en cuenta factores geográficos, socioeconómicos, demográficos, laborales, epidemiológicos, culturales, climatológicos y de dotación de vías y medios de comunicación, así como las instalaciones sanitarias del Área.
d) En todo caso, cada provincia tendrá, como mínimo, dos Áreas de Salud.

**16. A tenor del artículo 57 de la Ley 14/1986, el órgano de participación de las Áreas de Salud es:**

a) El Consejo de Salud de Área.
b) El Consejo de Dirección de Área.
c) El Gerente de Área.
d) El Comité de Participación del Área.

**17. Los Consejos de Salud de Área están constituidos por:**

a) Las organizaciones sindicales más representativas, en una proporción no inferior al 50 por 100, a través de los profesionales sanitarios titulados.
b) La Administración Sanitaria del Área de Salud.

c) La representación de los ciudadanos a través de las Corporaciones Locales comprendidas en su demarcación, que supondrá el 25 por 100 de sus miembros.

d) Todas las respuestas son correctas.

### 18. Una de las funciones del Consejo de Salud de Área es:

a) Proponer medidas a desarrollar en el Área de Salud para estudiar los problemas sanitarios específicos de la misma, así como sus prioridades.

b) La aprobación de las prioridades específicas del Área de Salud.

c) La propuesta de nombramiento y cese del gerente del Área de Salud.

d) La aprobación de la Memoria anual del Área de salud.

### 19. Señala la respuesta incorrecta respecto al Gerente del Área de Salud:

a) Es el encargado de la ejecución de las directrices establecidas por el Consejo de Dirección, de las propias del Plan de Salud del Área y de las normas correspondientes a la Administración autonómica y del Estado.

b) Es el órgano de gestión del Área.

c) Puede, previa convocatoria, asistir con voz y voto, a las reuniones del Consejo de Dirección.

d) Es nombrado y cesado por la Dirección del Servicio de Salud de la Comunidad Autónoma, a propuesta del Consejo de Dirección del Área.

### 20. ¿A quién corresponde la elaboración del Plan de Salud de Castilla-La Mancha?

a) A la Consejería competente en materia de sanidad.

b) Al Consejo de Gobierno de Castilla-La Mancha.

c) Al Ministerio competente en materia sanitaria.

d) Al Consejo Económico y Social.

En MADTEST tienes **más preguntas de este tema**, y todos tus avances quedan registrados y se reflejan en el ranking.

**¡Supera tus límites con MADTEST!**

# Solución al test n.º 2

**1.** b) Aprobar el reglamento de estructura y funcionamiento del Servicio de Salud de Castilla-La Mancha en los términos marcados en la Ley de Ordenación Sanitaria.

**2.** c) Es el conjunto de los Servicios de Salud de la Administración del Estado y de los Servicios de Salud de las Comunidades Autónomas en los términos establecidos en la Ley General de Sanidad.

**3.** d) Hacer efectivo el derecho a la protección de la salud.

**4.** d) Todos los españoles y los ciudadanos extranjeros que tengan establecida su residencia en España.

**5.** d) La promoción de salud y prevención de las enfermedades.

**6.** b) Áreas de Salud.

**7.** d) En el artículo 43.

**8.** d) Recursos económicos de la comunidad.

**9.** a) A la Consejería competente en materia de sanidad.

**10.** b) De las Comunidades Autónomas.

**11.** a) El Consejo de Dirección estará formado por la representación de la Comunidad Autónoma, que supondrá el 50 por 100 de los miembros de aquel, y los representantes de las Corporaciones Locales, elegidos por quienes ostenten tal condición en el Consejo de Salud.

**12.** b) El Título III.

**13.** b) Factores religiosos.

**14.** c) No inferior a 200.000 habitantes ni superior a 250.000.

**15.** d) En todo caso, cada provincia tendrá, como mínimo, dos Áreas de Salud.

**16.** a) El Consejo de Salud de Área.

**17.** b) La Administración Sanitaria del Área de Salud.

**18.** a) Proponer medidas a desarrollar en el Área de Salud para estudiar los problemas sanitarios específicos de la misma, así como sus prioridades.

**19.** c) Puede, previa convocatoria, asistir con voz y voto, a las reuniones del Consejo de Dirección.

**20.** a) A la Consejería competente en materia de sanidad.

# TEST N.º 3

**Ley de Cohesión y Calidad del Sistema Nacional de Salud: ordenación de prestaciones. Garantías de las prestaciones. Consejo Interterritorial. Ley de garantía de la atención sanitaria y del ejercicio de la libre elección en las prestaciones del Servicio de Salud de Castilla-La Mancha**

**1. ¿Quién realiza las acciones de coordinación y cooperación de las Administraciones Públicas sanitarias?**

a) El Consejo Interterritorial.
b) La Alta Inspección.
c) Son correctas las opciones a y b.
d) Ninguna es correcta.

**2. Las acciones de coordinación y cooperación de las Administraciones Públicas sanitarias, no comprenderán:**

a) Las prestaciones sanitarias.
b) La farmacia.
c) Los profesionales.
d) La salud privada.

**3. La cohesión y calidad del Sistema Nacional de Salud, se aprobó por ley, en el año:**

a) 2002.
b) 2003.
c) 2004.
d) 2005.

**4. ¿De cuántos Capítulos consta la Ley de Cohesión y Calidad del Sistema Nacional de Salud?**

a) Once.
b) Diez.

c) Nueve.

d) Ocho.

**5. ¿Al amparo de qué artículo de la Constitución se dicta la Ley de Cohesión y Calidad del Sistema Nacional de Salud?**

a) 143.

b) 141.

c) 149.

d) Ninguna es correcta.

**6. Según el art. 61 de la Ley 16/2003, el/la … dará cuenta al/a la … del cumplimiento de los Planes de Calidad del Sistema Nacional de Salud. Señale la opción que completa correctamente esta frase (respetando las denominaciones actualizadas, en su caso):**

a) Dirección del Sistema Nacional de Salud / Gobierno.

b) Ministro de Sanidad, Política Social e Igualdad / Cortes Generales.

c) Ministro de Sanidad y Consumo / Senado.

d) Gobierno / Congreso de los Diputados.

**7. Entre las funciones de la Agencia de Calidad del Sistema Nacional de Salud no se encuentra:**

a) Elaborar o adoptar los elementos de la infraestructura, con el debido asesoramiento.

b) Dar cuenta al Gobierno del cumplimiento de los Planes de Calidad del Sistema Nacional de Salud.

c) Promover convenios con instituciones científicas.

d) Difundir los elementos de la infraestructura para su conocimiento y utilización por parte de las Comunidades Autónomas y los centros y servicios del Sistema Nacional de Salud.

**8. La infraestructura para la calidad del Sistema Nacional de Salud no estará constituida por:**

a) Normas de Calidad y Seguridad.

b) Guías de práctica clínica y asistencial.

c) Registro de acontecimientos adversos.

d) Informes sobre el cumplimiento de los Planes de Calidad del Sistema Nacional de Salud.

**9. Respecto a las personas extranjeras, ¿cuándo será preceptiva la emisión de un informe previo favorable de los servicios sociales competentes de las comunidades autónomas?**

a) En todos los casos.

b) Cuando se encuentren en situación de estancia temporal de acuerdo con lo previsto en la Ley Orgánica 4/2000, de 11 de enero, sobre Derechos y Libertades de los Extranjeros en España y su Integración Social.

c) Cuando se encuentren en situación de residencia de acuerdo con lo previsto en la Ley Orgánica 4/2000, de 11 de enero, sobre Derechos y Libertades de los Extranjeros en España y su Integración Social.

d) Cuando se encuentren en situación de estancia o residencia de acuerdo con lo previsto en la Ley Orgánica 4/2000, de 11 de enero, sobre Derechos y Libertades de los Extranjeros en España y su Integración Social.

**10. Una Tarjeta Sanitaria Individual normalizada deberá incluir en todo caso (señalar la respuesta incorrecta):**

a) Los datos básicos de identificación de su titular.

b) Los datos del servicio de salud o entidad responsable de la asistencia sanitaria.

c) El derecho que asista al titular en relación con la prestación farmacéutica.

d) El derecho que asista al titular en relación con la prestación ortoprotésica.

**11. La información necesaria para la elaboración de estadísticas en el ámbito sanitario, según la Ley de Cohesión y Calidad, se recabará tanto del sector público como del sector privado. Esta afirmación es:**

a) Incorrecta, solo se recaba del sector público.

b) Incompleta, se recaba del sector público y del sector privado, pero solo en cuanto a servicios concertados con el sector público.

c) Imprecisa, se recabará del sector público, y el sector privado podrá aportar datos por propia iniciativa en casos muy concretos.

d) Correcta.

**12. Señale la opción incorrecta respecto a la garantía del tiempo en las prestaciones sanitarias:**

a) Los criterios marco para garantizar un tiempo máximo de acceso a las prestaciones del Sistema Nacional de Salud se acordarán en el seno del Consejo Interterritorial.

b) Los criterios marco para garantizar un tiempo máximo de acceso a las prestaciones del Sistema Nacional de Salud se aprobarán mediante Ley.

c) Las Comunidades Autónomas definirán los tiempos máximos de acceso a su cartera de servicios en relación a estos criterios marco.

d) De la garantía del tiempo quedan excluidas las intervenciones quirúrgicas de trasplantes de órganos y tejidos.

**13. La prestación de salud pública comprende las siguientes actuaciones, según el art. 11.2 de la Ley 16/2003:**

a) La evaluación de impacto en salud.

b) La protección de la salud, evitando los efectos negativos que diversos elementos del medio pueden tener sobre la salud y el bienestar de las personas.

c) La prevención y detección precoz de las enfermedades raras, así como el apoyo a las personas que las presentan y a sus familias.

d) Todas son correctas.

**14. ¿Qué órgano es el encargado de promover convenios con instituciones científicas para elaborar o gestionar los elementos de la infraestructura?**

a) La Agencia de Calidad del Sistema Nacional de Salud.
b) El Consejo Interterritorial del Sistema Nacional de Salud.
c) La Comisión Delegada del Consejo Interterritorial del Sistema Nacional de Salud.
d) El Observatorio del Sistema Nacional de Salud.

**15. La infraestructura para la mejora de la calidad en el sistema sanitario estará constituida por los elementos siguientes:**

a) Normas de calidad y seguridad.
b) Registro de buenas prácticas.
c) Registro de acontecimientos adversos.
d) Todas son correctas.

**16. Respecto a la información generada, el Instituto de Información Sanitaria se encargará de recabar, elaborar y distribuir la información que responda a las necesidades del Sistema Nacional de Salud, ¿con qué dos criterios?**

a) Eficacia y coordinación.
b) Transparencia y objetividad.
c) Igualdad y objetividad.
d) Ninguna es correcta.

**17. La creación del Instituto de Información Sanitaria se llevará a cabo mediante:**

a) Ley.
b) Decreto.
c) Real Decreto.
d) Orden.

**18. ¿Qué regula el Capítulo XI de la Ley 16/2003?**

a) La Participación Social.
b) El Consejo Interterritorial.
c) La Alta Inspección.
d) La Calidad.

**19. Señale cuál de los siguientes principios (reproducidos literalmente) no informa la Ley 16/2003:**

a) La colaboración entre los servicios sanitarios públicos y privados en la prestación de servicios a los usuarios del Sistema Nacional de Salud.

b) La prestación de una atención integral a la salud, comprensiva tanto de su promoción como de la prevención de enfermedades, de la asistencia y de la rehabilitación, procurando un alto nivel de calidad, en los términos previstos en esta Ley y en la Ley General de Salud Pública.

c) La igualdad de oportunidades y la libre circulación de los profesionales en el conjunto del Sistema Nacional de Salud, en los términos previstos en esta Ley y en la Ley General de Salud Pública.

d) La coordinación y la cooperación de las Administraciones públicas sanitarias para la superación de las desigualdades en salud, en los términos previstos en esta Ley y en la Ley General de Salud Pública.

**20. El artículo 43.1 de la Constitución Española dispone:**

a) «Compete a los poderes públicos organizar y tutelar la salud pública a través de medidas preventivas y de las prestaciones y servicios necesarios».

b) «Se reconoce el derecho a la protección de la salud».

c) «Los poderes públicos fomentarán la educación sanitaria, la educación física y el deporte.»

d) Todas las respuestas anteriores son correctas.

En MADTEST tienes **más preguntas de este tema**, y todos tus avances quedan registrados y se reflejan en el ranking.

**¡Supera tus límites con MADTEST!**

# Solución al test n.º 3

**1.** c) Son correctas las opciones a y b.

**2.** d) La salud privada.

**3.** b) 2003.

**4.** a) Once.

**5.** c) 149.

**6.** c) Ministro de Sanidad y Consumo / Senado.

**7.** b) Dar cuenta al Gobierno del cumplimiento de los Planes de Calidad del Sistema Nacional de Salud.

**8.** d) Informes sobre el cumplimiento de los Planes de Calidad del Sistema Nacional de Salud.

**9.** b) Cuando se encuentren en situación de estancia temporal de acuerdo con lo previsto en la Ley Orgánica 4/2000, de 11 de enero, sobre Derechos y Libertades de los Extranjeros en España y su Integración Social.

**10.** d) El derecho que asista al titular en relación con la prestación ortoprotésica.

**11.** d) Correcta.

**12.** b) Los criterios marco para garantizar un tiempo máximo de acceso a las prestaciones del Sistema Nacional de Salud se aprobarán mediante Ley.

**13.** d) Todas son correctas.

**14.** a) La Agencia de Calidad del Sistema Nacional de Salud.

**15.** d) Todas son correctas.

**16.** b) Transparencia y objetividad.

**17.** c) Real Decreto.

**18.** c) La Alta Inspección.

**19.** c) La igualdad de oportunidades y la libre circulación de los profesionales en el conjunto del Sistema Nacional de Salud, en los términos previstos en esta Ley y en la Ley General de Salud Pública.

**20.** b) «Se reconoce el derecho a la protección de la salud».

# TEST N.º 4

**Estatuto Marco del Personal Estatutario de los Servicios de Salud. La Ley de Prevención de Riesgos Laborales: Derechos y obligaciones; Consulta y participación de los trabajadores. Plan Perseo: procedimiento de actuación ante una situación de violencia en el centro de trabajo. Resolución de 27/03/2024, de la Dirección-Gerencia, del procedimiento para la certificación negativa del Registro Central de Delincuentes Sexuales y de Trata de Seres Humanos del personal de las instituciones sanitarias del Servicio de Salud de Castilla-La Mancha**

**1. Según establece el art. 8 de la Ley 55/2003, de 16 de diciembre, del Estatuto Marco de los Servicios de Salud, es personal estatutario fijo:**

a) El que, una vez superado el correspondiente proceso selectivo, obtiene un nombramiento para el desempeño, con carácter permanente, de las funciones que de tal nombramiento se deriven.
b) Todo el personal al servicio de los Servicios de Salud.
c) El personal que realice una prestación de servicios determinados de naturaleza temporal, coyuntural o extraordinaria.
d) El personal en posesión de un contrato laboral indefinido.

**2. Conforme al artículo 9.1 del Estatuto Marco (*en redacción dada por el Real Decreto-ley 12/2022, de 5 de julio, por el que se modifica la Ley 55/2003, de 16 de diciembre, del Estatuto Marco del personal estatutario de los servicios de salud*) los nombramientos del Personal Estatutario Temporal de los Servicios de Salud serán:**

a) Únicamente de Personal Estatutario Sanitario.
b) Personal Estatutario Contratado.
c) De interinidad.
d) Como Personal Laboral.

**3. En el supuesto de existencia de plaza vacante, son estatutarios interinos los que, por razones expresamente justificadas de necesidad y urgencia, son nombrados como tales con carácter temporal para el desempeño de funciones propias de estatutarios, cuando no sea posible su cobertura por personal estatutario fijo, durante un plazo máximo de:**

a) Dos años.
b) Tres años.
c) Cuatros años.
d) Seis años.

**4. Podrá concurrir a las pruebas selectivas, por el sistema de promoción interna, el personal estatutario fijo que se encuentre en servicio activo y con nombramiento como personal estatutario fijo, en la categoría de procedencia, durante al menos:**

a) 2 años.
b) 3 años.
c) 4 años.
d) 5 años.

**5. Quienes no acrediten, una vez superado el proceso selectivo, que reúnen los requisitos y condiciones exigidos en la convocatoria:**

a) No podrán ser nombrados hasta que subsanen el defecto.
b) No podrán ser nombrados, y quedarán sin efecto sus actuaciones.
c) Podrán ser nombrados de forma condicional.
d) Una vez superado el proceso selectivo, se entiende que reúne los requisitos exigidos, salvo prueba en contrario.

**6. Según el Estatuto Marco, la selección de personal estatutario fijo se efectuará con carácter general a través del sistema de:**

a) Oposición.
b) Concurso-oposición.
c) Concurso.
d) Pruebas selectivas.

**7. El personal estatutario de los servicios de salud tiene el deber de:**

a) Participar en la elaboración de los convenios colectivos.
b) Realizar sus funciones fuera del horario y jornada habitual.
c) Realizar actividades sindicales.
d) Respetar la Constitución, el Estatuto de Autonomía correspondiente y el resto del ordenamiento jurídico.

**8. Según el Estatuto Marco, siempre que la duración de la jornada exceda de seis horas continuadas, deberá establecerse un periodo de descanso durante la misma de al menos:**

a) 10 minutos.
b) 15 minutos.
c) 20 minutos.
d) 30 minutos.

**9. El funcionario sancionado con la separación del servicio no podrá concurrir a las pruebas de selección para la obtención de la condición de personal estatutario fijo, ni prestar servicios como personal estatutario temporal, durante:**

a) Los 6 años siguientes.
b) Los 5 años siguientes.
c) Los 10 años siguientes.
d) La separación del servicio es definitiva.

**10. Las sanciones disciplinarias firmes que se impongan al personal estatutario se anotarán en su expediente personal. Las anotaciones por sanciones impuestas por faltas leves se cancelarán de oficio, desde el cumplimiento de la sanción, a:**

a) Los 3 meses.
b) Los 6 meses.
c) El año.
d) Los 2 años.

**11. Es una retribución básica del personal estatutario:**

a) El complemento de destino.
b) El complemento de carrera.
c) Las pagas extraordinarias.
d) El complemento de productividad.

**12. La especial dificultad técnica, dedicación, responsabilidad, incompatibilidad, peligrosidad o penosidad de algunos puestos de trabajo del Personal Estatutario, se retribuye a través del:**

a) Complemento de destino.
b) Complemento de atención continuada.
c) Complemento específico.
d) Complemento de productividad.

**13. Según el art. 72.2 del Estatuto Marco, tendrá la consideración de falta muy grave:**

a) Intervenir en un procedimiento administrativo cuando se dé alguna de las causas de abstención legalmente señaladas.

b) Toda actuación que suponga discriminación por razones ideológicas, morales, políticas, sindicales, de raza, lengua, género, religión o circunstancias económicas, personales o sociales, tanto del personal como de los usuarios.

c) El incumplimiento injustificado de la jornada de trabajo que acumulado suponga más de 20 horas al mes.

d) La incorrección con los superiores, compañeros, subordinados o usuarios.

**14. Para poder obtener la excedencia voluntaria por interés particular es necesario haber prestado servicios efectivos en cualquiera de las Administraciones Públicas durante:**

a) Los cinco años inmediatamente anteriores.

b) Los cuatro años inmediatamente anteriores.

c) El año inmediatamente anterior.

d) No se exige periodo mínimo de prestación efectiva de servicios.

**15. En el régimen disciplinario del Estatuto Marco se reconoce a los interesados el derecho a:**

a) Proponer el nombramiento del instructor.

b) Solicitar la excedencia voluntaria durante la tramitación del expediente.

c) Formular Pliegos de cargos.

d) Formular alegaciones en cualquier fase del procedimiento.

**16. Las Comunidades Autónomas, en el ámbito de sus competencias, determinarán la limitación máxima de la jornada a tiempo parcial respecto a la jornada completa, con el límite máximo del:**

a) El 80 % de la jornada ordinaria, en cómputo anual, o del que proporcionalmente corresponda si se trata de nombramiento temporal de menor duración.

b) El 75 % de la jornada ordinaria, en cómputo anual, o del que proporcionalmente corresponda si se trata de nombramiento temporal de menor duración.

c) El 70 % de la jornada ordinaria, en cómputo anual, o del que proporcionalmente corresponda si se trata de nombramiento temporal de menor duración.

d) El 50 % de la jornada ordinaria, en cómputo anual, o del que proporcionalmente corresponda si se trata de nombramiento temporal de menor duración.

**17. El Estatuto Marco del personal estatutario considera a este personal como titular de una relación:**

a) Funcionarial común.

b) Laboral común.

c) Estatutaria de la Seguridad Social.
d) Funcionarial especial.

**18. Cuando de un procedimiento de movilidad se derive cambio del servicio de salud de destino, el Estatuto Marco establece un plazo posesorio de:**

a) Un mes.
b) Treinta días.
c) Quince días.
d) Diez días.

**19. Según el Estatuto Marco del personal estatutario, la situación de excedencia voluntaria por interés particular obliga a un periodo mínimo de permanencia en ella de:**

a) Un año.
b) Dos años.
c) Doce meses.
d) No establece periodo mínimo.

**20. De acuerdo con el régimen disciplinario del personal estatutario, se considera muy grave:**

a) El abandono del servicio.
b) El abuso de autoridad en el ejercicio de sus funciones.
c) Falta de obediencia debida a los superiores.
d) La incorrección con los superiores, compañeros, subordinados o usuarios.

# Solución al test n.º 4

**1.** a) El que, una vez superado el correspondiente proceso selectivo, obtiene un nombramiento para el desempeño, con carácter permanente, de las funcionales que de tal nombramiento se deriven.

**2.** c) De interinidad.

**3.** b) Tres años.

**4.** a) 2 años.

**5.** b) No podrán ser nombrados, y quedarán sin efecto sus actuaciones.

**6.** b) Concurso-oposición.

**7.** d) Respetar la Constitución, el Estatuto de Autonomía correspondiente y el resto del ordenamiento jurídico.

**8.** b) 15 minutos.

**9.** a) Los 6 años siguientes.

**10.** b) Los 6 meses.

**11.** c) Las pagas extraordinarias.

**12.** c) Complemento específico.

**13.** b) Toda actuación que suponga discriminación por razones ideológicas, morales, políticas, sindicales, de raza, lengua, género, religión o circunstancias económicas, personales o sociales, tanto del personal como de los usuarios.

**14.** a) Los cinco años inmediatamente anteriores.

**15.** d) Formular alegaciones en cualquier fase del procedimiento.

**16.** b) El 75 % de la jornada ordinaria, en cómputo anual, o del que proporcionalmente corresponda si se trata de nombramiento temporal de menor duración.

**17.** d) Funcionarial especial.

**18.** a) Un mes.

**19.** b) Dos años.

**20.** a) El abandono del servicio.

# TEST N.º 5

## Ley sobre derechos y deberes en materia de salud de Castilla-La Mancha. Documentación sanitaria en Castilla-La Mancha: usos de la historia clínica (Decreto 24/2011, de 12/04/2011, de la documentación sanitaria en Castilla-La Mancha)

**1. La Ley 5/2010, de 24 de junio, sobre derechos y deberes en materia de salud de Castilla-La Mancha, tiene por objeto regular:**

a) En el marco de la legislación del Estado, los derechos y deberes en materia de salud, tanto de los pacientes y usuarios como de los profesionales en Castilla-La Mancha.

b) Los derechos y deberes en materia de salud, tanto de los pacientes y usuarios como de los profesionales en Castilla-La Mancha.

c) En el marco de la legislación básica del Estado, los derechos y deberes en materia de salud de los pacientes y usuarios en Castilla-La Mancha.

d) En el marco de la legislación básica del Estado, los derechos y deberes en materia de salud, tanto de los pacientes y usuarios como de los profesionales en Castilla-La Mancha.

**2. Señala cuál de los siguientes no es un principio sobre el que se sustenten los derechos y deberes en la Ley 5/2010, de 24 de junio, sobre derechos y deberes en materia de salud de Castilla-La Mancha:**

a) La promoción del interés de las personas por la salud, mediante una información adecuada y una mayor educación para la salud.

b) La corresponsabilidad y participación del paciente y usuario en el adecuado uso de las prestaciones y recursos y el respeto a los profesionales y a las normas de organización y funcionamiento de los centros, establecimientos y servicios sanitarios.

c) La equidad en el acceso al conjunto de los servicios y profesionales sanitarios disponibles, así como a recibir la asistencia sanitaria y los cuidados más adecuados a su estado de salud, sin que pueda producirse discriminación alguna de las personas con discapacidad.

d) El respeto a la objeción de conciencia de los profesionales sanitarios como manifestación del derecho a la autonomía de la voluntad.

**3. El derecho a la asistencia sanitaria, la libre elección de profesional sanitario, la segunda opinión médica, el derecho sobre los tejidos o muestras biológicas, la garantía de tiempos máximos de respuesta, los relacionados con pacientes especialmente protegidos, la obtención de medicamentos y el derecho al acompañamiento, se califican en la Ley 5/2010, de 24 de junio, sobre derechos y deberes en materia de salud de Castilla-La Mancha, como:**

a) Derechos relativos a la autonomía de la voluntad.
b) Derechos relativos a la documentación sanitaria.
c) Derechos relacionados con los servicios asistenciales.
d) Derechos relativos a la información sanitaria.

**4. En relación con los derechos relativos a la intimidad y la confidencialidad, reconocidos en la Ley 5/2010, de 24 de junio, sobre derechos y deberes en materia de salud de Castilla-La Mancha, es correcto que:**

a) Los centros, servicios y establecimientos sanitarios vigilarán que se guarde la confidencialidad de los datos referidos a la ideología, religión, creencias, origen racial, vida sexual, al hecho de haber sido objeto de malos tratos y, en general, cuantos datos o informaciones puedan tener especial relevancia para la salvaguarda de la intimidad personal y familiar.
b) Las personas que, en ejercicio de sus funciones, tengan acceso a los datos resultantes de la realización de los análisis genéticos podrán quedar sujetas al deber de secreto.
c) El derecho de confidencialidad no comprende la información referida al patrimonio genético.
d) Cuando la información obtenida, según criterio del médico responsable, sea necesaria para evitar un grave perjuicio para la salud del paciente y la de sus familiares, se informará al propio paciente y a un familiar próximo o, en su caso, a sus representantes, previa consulta del Comité de Ética Asistencial si lo hubiera.

**5. En relación con la regulación del derecho a la información asistencial prevista en la Ley 5/2010, de 24 de junio, sobre derechos y deberes en materia de salud de Castilla-La Mancha, señala la respuesta incorrecta:**

a) Deberá respetarse la voluntad del paciente de no ser informado. La renuncia al derecho a ser informado deberá formularse por cualquier medio que permita dejar constancia y se incorporará a la historia clínica.
b) El titular del derecho a la información asistencial es el paciente. Se informará a las personas vinculadas a él por razones familiares o de hecho en la medida en que este lo permita expresa o tácitamente.
c) Sin perjuicio del derecho del menor a recibir información sobre su salud en un lenguaje adecuado a su edad, madurez y estado psicológico, en el caso de menores de 16 años no emancipados se informará también a los padres o tutores.
d) Todas las respuestas anteriores son correctas.

**6. La autonomía de la voluntad del paciente comprende:**

a) La libertad para negarse a recibir un procedimiento diagnóstico, pronóstico o terapéutico.

b) La libertad para poder en todo momento revocar una anterior decisión sobre su propia salud.

c) La libertad para elegir de forma autónoma entre las distintas opciones que exponga el profesional sanitario responsable.

d) Todas las respuestas anteriores son correctas.

**7. El consentimiento informado:**

a) Se prestará por escrito, por regla general.

b) Será verbal en los procedimientos diagnósticos y terapéuticos invasores.

c) Se prestará por escrito en los procedimientos que impliquen riesgos o inconvenientes de notoria y previsible repercusión negativa sobre la salud del paciente.

d) Será verbal en determinados casos.

**8. ¿Cuál de los siguientes datos no debe contener el documento de consentimiento informado?**

a) Una declaración de quien presta el consentimiento en la que conste que ha comprendido adecuadamente la información, que conoce que el consentimiento puede ser revocado en cualquier momento, expresando la causa de la revocación y que ha recibido una copia del documento.

b) Riesgos poco frecuentes, cuando sean de especial gravedad y estén asociados al procedimiento por criterios científicos.

c) Alternativas razonables al procedimiento.

d) Firma del profesional sanitario responsable del procedimiento y de la persona que presta el consentimiento.

**9. En relación con el ámbito de la Ley 5/2010, de 24 de junio, sobre derechos y deberes en materia de salud de Castilla-La Mancha, señala la respuesta incorrecta:**

a) Incluye a todas las personas que residan en los municipios de la Comunidad Autónoma de Castilla-La Mancha.

b) Quienes no residan en ella gozarán de dichos derechos en la forma y condiciones previstas en la legislación estatal y en los Convenios nacionales e internacionales que les sean de aplicación.

c) Sin perjuicio de lo anterior, en Castilla-La Mancha se garantizará a todas las personas la atención en situación de urgencia y emergencia, con especial incidencia en menores, mujeres gestantes y personas que padezcan enfermedades crónicas.

d) Se incluyen a los profesionales de los centros, servicios y establecimientos sanitarios, siempre que sean públicos y se encuentren ubicados en el territorio de la comunidad autónoma.

**10. Sin perjuicio del derecho del menor a recibir información sobre su salud en un lenguaje adecuado a su edad, madurez y estado psicológico, se informará también a los padres o tutores, en el caso de:**

a) Menores de catorce años no emancipados.
b) Menores de quince años no emancipados.
c) Menores de dieciséis años no emancipados.
d) Menores de diecisiete años no emancipados.

**11. El plazo mínimo de conservación de la historia clínica contado desde la fecha del alta del último proceso asistencial será:**

a) 15 años.
b) 5 años.
c) 3 años.
d) Ilimitado.

**12. ¿Cuál de los siguientes apartados del contenido de la historia clínica se exige cumplimentar cuando se trate de procesos de hospitalización?**

a) Las ordenes médicas.
b) La anamnesis y la exploración física.
c) La evolución y planificación de cuidados de enfermería.
d) El gráfico de constantes.

**13. Deberán quedar claramente identificados respecto de la información contenida en la historia clínica, con el fin de facilitar su disociación cuando esta sea precisa (señala la opción incorrecta):**

a) Las anotaciones subjetivas de los profesionales que intervengan en el proceso asistencial.
b) Los datos que afecten a la intimidad de terceros.
c) Los datos de filiación y documentación relativa a la hoja clínico-estadística.
d) Aquella información que no haya sido facilitada al paciente debido a un estado acreditado de necesidad terapéutica.

**14. El derecho del paciente de acceder a la información contenida en la historia clínica no incluye:**

a) La información de la que el paciente hubiera sido privado debido a la existencia acreditada de un estado de necesidad terapéutica siempre que así conste en la historia clínica de forma expresa.
b) Los datos e información que afecten al derecho de terceras personas o que afecten a la confidencialidad de los datos que consten en la historia recogidos en interés terapéutico del paciente.

c) Las anotaciones subjetivas de los profesionales participantes en la elaboración de la historia clínica, respecto de los cuales estos podrán oponer su reserva al derecho de acceso.

d) Todas las respuestas anteriores son correctas.

**15. No se considera una anotación subjetiva:**

a) Comportamientos insólitos.

b) Valoraciones sobre hipótesis diagnósticas no demostradas.

c) Sospechas acerca de incumplimientos terapéuticos, tratamientos no declarados y hábitos no reconocidos.

d) Ninguna de las respuestas anteriores es correcta.

**16. El ejercicio del derecho a la segunda opinión médica está desarrollado reglamentariamente a través del:**

a) Decreto 180/2005, de 2 de noviembre.

b) Decreto 91/2018, de 4 de diciembre.

c) Orden de 21 de noviembre de 2008.

d) Decreto 24/2011, de 12 de abril.

**17. ¿Quiénes deberán abstenerse de realizar en las historias clínicas anotaciones que carezcan de interés para el manejo de los problemas de salud?**

a) Los centros sanitarios.

b) Los profesionales sanitarios.

c) Los pacientes.

d) Los servicios sanitarios.

**18. ¿Cuál de los siguientes es un deber de los profesionales de los centros, servicios y establecimientos sanitarios?**

a) Guardar secreto sobre toda la información y documentación clínica sobre los pacientes y usuarios derivada de su actuación profesional o a la que tengan acceso.

b) Renunciar a prestar atención sanitaria en situaciones de injurias, amenazas o agresión si no conlleva desatención.

c) La autonomía científica y técnica en el ejercicio de sus funciones, sin más limitaciones que las establecidas por la ley y por los principios y valores contenidos en el ordenamiento jurídico y deontológico.

d) Recibir apoyo profesional en situaciones problemáticas.

**19. Es constitutiva de una infracción administrativa muy grave:**

a) La utilización indebida, abusiva o irresponsable de los recursos y prestaciones sanitarias que no respondan a una necesidad objetiva.

b) La agresión física a profesionales de los centros, servicios y establecimientos sanitarios, a pacientes o a sus acompañantes siempre que no sea constitutiva de ilícito penal.

c) La resistencia, falta de respeto, amenazas, insultos, represalias o cualquier otra forma de presión ejercida contra los profesionales de los centros, servicios y establecimientos sanitarios, los pacientes o sus acompañantes siempre que no sean constitutivas de ilícito penal.

d) Las respuestas b) y c) son correctas.

**20. ¿Cómo pueden sancionarse las infracciones calificadas como muy graves?**

a) Con multa de hasta 15.000 € en grado máximo.

b) Con la inhabilitación para el ejercicio de la profesión por un período de uno a cinco años.

c) Con el cierre definitivo del establecimiento en el caso de centros, servicios y establecimientos sanitarios de ámbito privado.

d) Todas las respuestas anteriores son correctas.

En MADTEST tienes **más preguntas de este tema**, y todos tus avances quedan registrados y se reflejan en el ranking.

**¡Supera tus límites con MADTEST!**

# Solución al test n.º 5

**1.** d) En el marco de la legislación básica del Estado, los derechos y deberes en materia de salud, tanto de los pacientes y usuarios como de los profesionales en Castilla-La Mancha.

**2.** d) El respeto a la objeción de conciencia de los profesionales sanitarios como manifestación del derecho a la autonomía de la voluntad.

**3.** c) Derechos relacionados con los servicios asistenciales.

**4.** a) Los centros, servicios y establecimientos sanitarios vigilarán que se guarde la confidencialidad de los datos referidos a la ideología, religión, creencias, origen racial, vida sexual, al hecho de haber sido objeto de malos tratos y, en general, cuantos datos o informaciones puedan tener especial relevancia para la salvaguarda de la intimidad personal y familiar.

**5.** a) Deberá respetarse la voluntad del paciente de no ser informado. La renuncia al derecho a ser informado deberá formularse por cualquier medio que permita dejar constancia y se incorporará a la historia clínica.

**6.** d) Todas las respuestas anteriores son correctas.

**7.** c) Se prestará por escrito en los procedimientos que impliquen riesgos o inconvenientes de notoria y previsible repercusión negativa sobre la salud del paciente.

**8.** a) Una declaración de quien presta el consentimiento en la que conste que ha comprendido adecuadamente la información, que conoce que el consentimiento puede ser revocado en cualquier momento, expresando la causa de la revocación y que ha recibido una copia del documento.

**9.** d) Se incluyen a los profesionales de los centros, servicios y establecimientos sanitarios, siempre que sean públicos y se encuentren ubicados en el territorio de la comunidad autónoma.

**10.** c) Menores de dieciséis años no emancipados.

**11.** b) 5 años.

**12.** d) El gráfico de constantes.

**13.** c) Los datos de filiación y documentación relativa a la hoja clínico-estadística.

**14.** d) Todas las respuestas anteriores son correctas.

**15.** d) Ninguna de las respuestas anteriores es correcta.

**16.** b) Decreto 91/2018, de 4 de diciembre.

**17.** b) Los profesionales sanitarios.

**18.** a) Guardar secreto sobre toda la información y documentación clínica sobre los pacientes y usuarios derivada de su actuación profesional o a la que tengan acceso.

**19.** b) La agresión física a profesionales de los centros, servicios y establecimientos sanitarios, a pacientes o a sus acompañantes siempre que no sea constitutiva de ilícito penal.

**20.** b) Con la inhabilitación para el ejercicio de la profesión por un período de uno a cinco años.

# TEST ESPECÍFICA

**Planes estratégicos del SESCAM: Plan dignifica, humanización de la asistencia. Atención holística e integral del paciente y la familia. Estratificación de crónicos. Redes de expertos y profesionales del Sistema sanitario de Castilla La Mancha**

**1. ¿Quién aprobó el Plan Dignifica en Castilla- La Mancha?**

a) Consejo de Gobierno de Castilla-La Mancha.
b) Gerente del SESCAM.
c) Consejería de Salud.
d) Cortes de Castilla La Mancha.

**2. Según el artículo 4 del *Decreto 72/2021, de 15 de junio, de ordenación de las estructuras organizativas y gestión coordinada de las actuaciones de humanización de la asistencia sanitaria y sociosanitaria de Castilla-La Mancha,* las políticas de humanización de la asistencia deberán centrarse en objetivos como el de fomentar la participación ciudadana y avanzar en:**

a) La atención individualizada a los pacientes.
b) La corresponsabilidad de pacientes.
c) Las políticas de prevención.
d) El desarrollo de habilidades y competencias por parte de los usuarios.

**3. Según el artículo 5 del Decreto 72/2021, uno de los principios orientadores por los que se regirá la ordenación de las actuaciones que potencian la dimensión humana de la asistencia sanitaria es:**

a) Centralización y responsabilidad en la gestión.
b) Cuidado de las personas dependientes en el ámbito físico, psicológico y emocional.
c) Economía en los servicios y prestaciones.
d) Participación comunitaria en la formulación de las políticas sanitarias y sociosanitarias.

**4. ¿Qué puede ocasionar en el sistema sanitario una mayor capacidad de complicaciones, de errores y de posibles daños?**

a) La complejidad de la moderna práctica clínico-asistencial.
b) El gran desarrollo científico y tecnológico ocurrido a lo largo del pasado siglo.

c) La mayor capacidad de resolución de problemas con los medios actuales.

d) Todo lo anterior ha influido a pesar de la mayor capacidad de resolución de problemas.

**5. ¿Qué aspectos de los que se apuntan considera no haber influido en la denominada deshumanización en (de) la asistencia sanitaria?**

a) La elevada presión asistencial y la masificación de consultas.

b) Una mayor empatía y trato personal con el paciente.

c) La excesiva tecnificación de la práctica clínica.

d) Han influido todos los anteriores.

**6. Según el artículo 10 del Decreto 72/2021, a qué órgano corresponderá la elaboración del Plan de Humanización de la Asistencia Sanitaria, así como de las modificaciones y adaptaciones necesarias:**

a) Al Consejo Regional de Humanización.

b) A la Comisión Regional Técnica de Humanización.

c) A las Comisiones de Humanización de las gerencias.

d) Al Responsable Regional de Humanización.

**7. ¿A qué concepto nos referimos con el abordaje integral de la persona enferma, teniendo en cuenta las dimensiones biológica, psicológica, social y conductual?**

a) De humanización.

b) De equidad.

c) De Justicia.

d) De sostenibilidad.

**8. Cuántos representantes de las redes de expertos y profesionales del sistema sanitario de Castilla-La Mancha designadas por la persona titular de la Consejería competente en materia de sanidad habrá en el Consejo Regional de Humanización:**

a) Uno.

b) Dos.

c) Tres.

d) Cuatro.

**9. La Comisión de humanización de cada gerencia aprobará su Plan Operativo:**

a) Anualmente.

b) Bianualmente.

c) Trienalmente.

d) Cuatrienalmente.

### 10. ¿Qué afirmación no es correcta respecto a la humanización?

a) La humanización, la acción y efecto de humanizar o humanizarse.

b) Se dice que un sujeto es humano, cuando es comprensivo, sensible a los infortunios ajenos.

c) Las profesiones sanitarias, no son intrínsecamente humanizadoras.

d) La humanización comprende múltiples dimensiones de la persona, incluyendo aspectos educativos, sociales, políticos o culturales.

### 11. ¿Qué atributo debe merecer la persona que obra con autoestima y mereciendo el respeto de las demás, quien no comete actos que degradan y no se humilla ni tolera la humillación?

a) Asertiva.

b) Humana.

c) Digna.

d) Ágil.

### 12. ¿En qué patrón o variable estaban basados como medida de éxito los antiguos estudios sobre el coste-efectividad de la atención sanitaria?

a) Morbilidad: prevalencia e incidencia.

b) Esperanza de vida.

c) Mortalidad.

d) EVAC (Esperanza de Vida Ajustada por Calidad).

### 13. ¿Qué ciencia trata del estudio sistemático de la conducta humana en el ámbito de las ciencias de la salud y de la atención a la salud?

a) Psicología clínica.

b) Bioética.

c) Pedagogía clínica y sanitaria.

d) Ninguna de las anteriores.

### 14. ¿Qué aspecto de la superespecialización de la profesión sanitaria consideras deshumanizante?

a) Cuando con ella se logra una mejor asistencia en general de la persona.

b) Cuando se consigue unos resultados quirúrgicos mayores por el incremento de los conocimientos en determinadas áreas, siempre con un máximo respeto, humanidad y dignidad del individuo operado.

c) Cuando conlleva una visión parcial y fragmentada de la persona paciente.

d) Nada de lo anterior es un factor deshumanizante.

**15. ¿Qué se define por una aflicción física aguda y se manifiesta de muchas formas?**

a) Dolor.
b) Sufrimiento.
c) Introversión.
d) Introspección.

**16. ¿Qué tipo de dolor no genera normalmente sufrimiento?**

a) El dolor pasajero.
b) El dolor que forma parte del proceso de curación.
c) El dolor siempre produce sufrimiento.
d) El dolor que forma parte del proceso de curación y el dolor pasajero.

**17. ¿En qué porcentaje es evitable actualmente el dolor en nuestro sistema sanitario?**

a) 100 % de los casos.
b) 95 % de los casos.
c) 75 % de los casos.
d) 50 % de los casos.

**18. ¿En qué año entró en vigor en Castilla La Mancha la tarjeta humanitaria?**

a) 2005.
b) 2010.
c) 2016.
d) 2020.

**19. ¿Qué personas no pueden utilizar la tarjeta humanitaria en Castilla La Mancha?**

a) Nacidos o/y residentes en Castilla La Mancha.
b) Personas extranjeras que carezcan de recursos residentes en Castilla La Mancha.
c) Personas no nacidas en España y que están en situación irregular.
d) Todos los anteriores pueden utilizar la tarjeta humanitaria.

**20. ¿Qué aspecto debe convertirse en el centro del sistema sanitario como medio de cambio de actitud, en la cuestión de priorizar la humanización en la atención sanitaria? El centro del sistema debe ser:**

a) La enfermedad.
b) Los costes sanitarios necesarios para la sostenibilidad del sistema.
c) La persona y su contexto.
d) Los sanitarios y sus estilos de trabajo.

En MADTEST tienes **más preguntas de este tema**, y todos tus avances quedan registrados y se reflejan en el ranking.

**¡Supera tus límites con MADTEST!**

# Solución al test n.º 6

**1.** a) Consejo de Gobierno de Castilla-La Mancha.

**2.** b) La corresponsabilidad de pacientes.

**3.** d) Participación comunitaria en la formulación de las políticas sanitarias y sociosanitarias.

**4.** d) Todo lo anterior ha influido a pesar de la mayor capacidad de resolución de problemas.

**5.** b) Una mayor empatía y trato personal con el paciente.

**6.** b) A la Comisión Regional Técnica de Humanización.

**7.** a) De humanización.

**8.** b) Dos.

**9.** a) Anualmente.

**10.** c) Las profesiones sanitarias, no son intrínsecamente humanizadoras.

**11.** c) Digna.

**12.** b) Esperanza de vida.

**13.** b) Bioética.

**14.** c) Cuando conlleva una visión parcial y fragmentada de la persona paciente.

**15.** a) Dolor.

**16.** d) El dolor que forma parte del proceso de curación y el dolor pasajero.

**17.** b) 95 % de los casos.

**18.** c) 2016.

**19.** d) Todos los anteriores pueden utilizar la tarjeta humanitaria.

**20.** c) La persona y su contexto.

**Organización de los servicios sanitarios, órganos directivos, reglamento de estructura, organización y funcionamiento de los Hospitales. Estructura y organización de un laboratorio clínico. Funciones del Técnico Especialista de Laboratorio**

**1. La delimitación del marco territorial que abarcará cada Zona de Salud se hará teniendo en cuenta criterios demográficos, geográficos y sociales, y será llevada a cabo por:**

a) El Ministerio de Sanidad.
b) Las Comunidades Autónomas.
c) Las Corporaciones Locales.
d) El Estado por medio de la Secretaría General de Salud.

**2. Como norma general, la Zona Básica de Salud abarcará a una población comprendida entre:**

a) Los dos mil y los quince mil habitantes.
b) Los tres mil y los veinte mil habitantes.
c) Los cinco mil y los veinticinco mil habitantes.
d) Los diez mil y los treinta mil habitantes.

**3. ¿Cuál de los siguientes factores no habrá de tenerse en cuenta en la delimitación de las zonas básicas, según dispone el art. 62 LGS?**

a) El grado de concentración o dispersión de la población.
b) Las instalaciones y recursos sanitarios de la Zona.
c) La edad media de la población de la Zona.
d) Las isocronas o las distancias máximas de las agrupaciones de población más alejadas de los servicios y el tiempo normal a invertir en su recorrido usando los medios ordinarios.

**4. ¿Cómo se denomina al conjunto de profesionales sanitarios y no sanitarios cuyo ámbito territorial principal de actuación es la Zona Básica de Salud y con localización física principal en el Centro de Salud?**

a) Equipo de Atención Primaria.
b) Personal Básico Sanitario.
c) Equipo Básico de Salud.
d) Grupo de Atención Primaria.

**5. ¿Cuándo podrán las Zonas de Salud abarcar a una población superior a los veinticinco mil habitantes?**

a) En ningún caso.
b) Excepcionalmente, y cuando las circunstancias demográficas así lo aconsejen.
c) Como norma general las Zonas de Salud abarcan hasta una población de 30.000 habitantes.
d) Ninguna respuesta es correcta.

**6. ¿Dónde desarrolla sus actividades y funciones el Equipo de Atención Primaria?**

a) En los Hospitales.
b) En los Centros de Salud.
c) En los Ambulatorios.
d) En los Consultorios.

**7. Una de las funciones de los Centros de Salud es:**

a) Albergar los recursos materiales precisos para la realización de las exploraciones complementarias de que se pueda disponer en la zona.
b) Facilitar el trabajo en equipo de los profesionales sanitarios de la zona.
c) Servir como centro de reunión entre la comunidad y los profesionales sanitarios.
d) Todas las respuestas son correctas.

**8. ¿Qué Administración es la encargada de aprobar el Reglamento General de Organización y Funcionamiento de los Centros de Salud?**

a) El Estado, a través del Ministerio de Sanidad.
b) Las Comunidades Autónomas.
c) Los Ayuntamientos.
d) Las Diputaciones Provinciales.

**9. Señala la respuesta incorrecta con respecto a la atención primaria:**

a) La Atención Primaria de Salud constituye el primer nivel de acceso ordinario de la población al Sistema Sanitario.
b) Será prestada en cada zona básica de salud por los profesionales que desarrollan su actividad en la misma y que constituyen los equipos de atención especializada.

c) Se caracteriza por prestar atención integral a la salud.

d) Uno de los objetivos de la atención primaria de salud es la vigilancia epidemiológica.

**10. Señala la respuesta incorrecta respecto a las zonas básicas de salud:**

a) En la zona básica de salud desarrollan las actividades sanitarias los Centros de salud, centros integrales de atención primaria.

b) Una Zona Básica de Salud está constituida por la totalidad o parte de un territorio municipal, o la agrupación de barrios, localidades, entidades no municipales, etc.

c) La Zona Básica de Salud delimita una Zona Médica, y está constituida por uno o varios Partidos Médicos, separados en distritos.

d) La Zona Básica de Salud es la demarcación poblacional y geográfica fundamental, delimitada a una determinada población, siendo accesible desde todos los puntos y capaz de proporcionar una atención de salud continuada, integral, permanente con el fin de coordinar las funciones sanitarias afines.

**11. Según el artículo 51 de la Ley 8/2000, ¿cuáles son los puntos de referencia básicos de la atención a las urgencias sanitarias?**

a) Los Centros Hospitalarios.

b) Los Servicios de Emergencias.

c) Los Centros de Salud.

d) Los Consultorios Locales.

**12. ¿En qué se diferencia la Atención Especializada de la Atención Primaria?**

a) En que la Atención Especializada se presta en régimen ambulatorio y la Atención Primaria no.

b) En que la Atención Especializada se presta en régimen de urgencias y la Atención Primaria no.

c) En que sólo la Atención Especializada ofrece la asistencia en régimen de internamiento.

d) Todas las respuestas son correctas.

**13. ¿Cuál es la estructura física fundamental de la Atención Especializada?**

a) El Centro de Salud.

b) El Ambulatorio.

c) El Consultorio.

d) El Hospital.

**14. Uno de los objetivos de la Atención Especializada es:**

a) Prestar asistencia ambulatoria especializada.

b) Posibilitar la hospitalización de los pacientes que lo precisen.

c) Poner sus Centros e Instituciones a disposición de la investigación y docencia en materia de salud.

d) Todas las respuestas son correctas.

**15. Conforme a lo establecido en el artículo 65 de la LGS, los hospitales quedan adscritos a:**

a) Un Distrito Sanitario.
b) Una Zona de Salud.
c) Un Área de Salud.
d) Una Demarcación Médica.

**16. La primera inspección de las muestras se realiza en el área:**

a) De procesamiento de la muestra.
b) De toma de muestra.
c) De recepción y registro de muestra.
d) De envío de informes.

**17. ¿Cuál de las siguientes áreas no pertenece al departamento de hematología del laboratorio clínico?**

a) Área de HLA.
b) Área de coagulación.
c) Área de citometría de flujo.
d) Área de citogenética.

**18. ¿Cuál de las siguientes áreas pertenece al departamento de microbiología del laboratorio clínico?**

a) Área de autoinmunidad.
b) Área de coagulación.
c) Área de citometría de flujo.
d) Área de de hemocultivos.

**19. El comité de expertos de la OMS recomienda, respecto a los técnicos de laboratorio:**

a) Considerarlos como una rama independiente.
b) Formación básica sobre su trabajo.
c) Proporcionar amplios conocimientos teóricos.
d) Proporcionar amplios conocimientos prácticos.

**20. Entre las funciones básicas del Técnico en Laboratorio no encontramos:**

a) Colaborar en la formación de otros profesionales.

b) Ser capaz de realizar los trabajos cotidianos realizados en su área de trabajo.

c) Ser capaz de realizar algunos trabajos extraordinarios que no se excedan en sus limitaciones.

d) Ser capaz de realizar un diagnóstico preliminar en base a las pruebas.

En MADTEST tienes **más preguntas de este tema**, y todos tus avances quedan registrados y se reflejan en el ranking.

**¡Supera tus límites con MADTEST!**

# Solución al test n.º 7

**1.** b) Las Comunidades Autónomas.

**2.** c) Los cinco mil y los veinticinco mil habitantes.

**3.** c) La edad media de la población de la Zona.

**4.** a) Equipo de Atención Primaria.

**5.** b) Excepcionalmente, y cuando las circunstancias demográficas así lo aconsejen.

**6.** b) En los Centros de Salud.

**7.** d) Todas las respuestas son correctas.

**8.** b) Las Comunidades Autónomas.

**9.** b) Será prestada en cada zona básica de salud por los profesionales que desarrollan su actividad en la misma y que constituyen los equipos de atención especializada.

**10.** c) La Zona Básica de Salud delimita una Zona Médica, y está constituida por uno o varios Partidos Médicos, separados en distritos.

**11.** c) Los Centros de Salud.

**12.** c) En que sólo la Atención Especializada ofrece la asistencia en régimen de internamiento.

**13.** d) El Hospital.

**14.** d) Todas las respuestas son correctas.

**15.** c) Un Área de Salud.

**16.** c) De recepción y registro de muestra.

**17.** a) Área de HLA.

**18.** d) Área de de hemocultivos.

**19.** b) Formación básica sobre su trabajo.

**20.** d) Ser capaz de realizar un diagnóstico preliminar en base a las pruebas.

# TEST N.º 8

**Calidad en el Sistema Nacional de Salud. Normas ISO aplicables en el laboratorio clínico. Procesos de certificación y acreditación en el laboratorio clínico. Garantía de calidad en el laboratorio. Control de calidad de la fase preanalítica, analítica y postanalítica. Concepto de error y tipo de errores en el laboratorio. Especificaciones de calidad analítica**

**1. ¿Qué implica el concepto de eficiencia en el sistema sanitario?**

a) Lograr resultados con el mínimo uso de recursos.
b) Utilizar más recursos para asegurar resultados.
c) Reducir la calidad para ahorrar costos.
d) Aumentar el gasto sin importar los resultados.

**2. ¿Qué dimensión de la calidad se refiere a la capacidad de los servicios para mejorar el estado de salud de los pacientes?**

a) Eficiencia.
b) Eficacia.
c) Equidad.
d) Continuidad.

**3. ¿Qué aspecto se evalúa en la dimensión de "seguridad" en la calidad asistencial?**

a) La satisfacción del paciente.
b) La minimización de riesgos y errores en la atención sanitaria.
c) La accesibilidad a los servicios.
d) El nivel de confort del paciente.

**4. ¿Qué término se utiliza para describir la relación entre el costo de los recursos utilizados y los resultados obtenidos?**

a) Eficacia.
b) Aceptabilidad.

c) Eficiencia.
d) Continuidad.

**5. En un sistema de gestión de la calidad, el documento que especifica la política de calidad, los objetivos de la organización, la gestión del equipamiento, fungibles, política medioambiental, etc., que debe de hacerse en el laboratorio, se conoce como:**

a) Plan de calidad.
b) Manual de calidad.
c) Guía de calidad.
d) Procedimientos de calidad.

**6. ¿Cuál de los siguientes enunciados no corresponde con alguno de los atributos que debe tener un indicador para que sea considerado como bueno?**

a) Sensibilidad.
b) Fiabilidad.
c) Validez.
d) Eficacia.

**7. La ENAC (Entidad Nacional de Acreditación) define las desviaciones del proceso analítico como:**

a) Cualquier incumplimiento de los requisitos de certificación.
b) Cualquier incumplimiento de los requisitos de acreditación.
c) Cualquier incumplimiento de los requisitos de normalización.
d) Cualquier causa de incidencia.

**8. ¿Cuál de las norma ISO definen la "mejora de la calidad"?**

a) ISO 17500.
b) ISO 8402.
c) ISO 9001.
d) ISO 3000.

**9. El Sistema de Calidad del Laboratorio, como todos los Sistemas de Gestión de Calidad se basan en los términos PDCA: planificar, hacer, verificar y actuar; que se recogen en la ISO 9000 y corresponden a:**

a) Las reglas de Westgard.
b) Ciclo de Deming.
c) Diagrama de Pareto.
d) Diagrama de Scadter.

**10. Cuando una institución realiza una evaluación basada en la revisión de los procedimientos registrados, ¿cómo se le denomina?**

a) Auditoría.
b) Acreditación.
c) Inspección.
d) Asesoría.

**11. El conjunto de operaciones que establecen, en condiciones especificadas, la relación entre los valores de una magnitud indicados por un equipo de medida o los valores representados por un material de referencia y los valores correspondientes de esa magnitud realizados por patrones, se denomina:**

a) Verificación.
b) Certificación.
c) Calibración.
d) Medida.

**12. Para calibrar un instrumento, es necesario:**

a) Disponer de uno de mayor precisión que proporcione el valor verdadero.
b) Disponer de uno de menor precisión que proporcione el valor del control patológico.
c) Disponer de uno de igual precisión.
d) Todas son correctas.

**13. Una calibración correcta permite:**

a) Verificar y mantener el buen funcionamiento de los equipos.
b) Cumplir los requisitos que marcan las normas ISO 9000-17025.
c) Dar garantía de la fiabilidad de los resultados.
d) Todas son correctas.

**14. A la hora de calibrar un equipo no tenemos en cuenta:**

a) Naturaleza del equipo.
b) Gravedad de las consecuencias de una falta de calibración.
c) Historia del paciente.
d) Condiciones de uso.

**15. Qué variable define los valores mínimo y máximo de lectura para los cuales el equipo ha sido diseñado:**

a) El alcance.
b) El rango de medida.
c) La exactitud.
d) La fiabilidad.

### 16. El control de calidad de un laboratorio:

a) Implica un conjunto de medidas encaminadas a lograr la adecuada confianza de los resultados del laboratorio.

b) Garantiza que los resultados obtenidos sean acordes con el estado de salud del paciente.

c) Es el método mediante el cual se mide la calidad real, se compara con los estándares y se actúa sobre la diferencia.

d) Todas son correctas.

### 17. En control interno; se utilizan gráficos de Levy-Jenning y gráficos de convergencia de Youden:

a) El gráfico de Levy-Jenning; nos da información sobre la precisión y exactitud.

b) Como control interno el más utilizado es el gráfico de Youden, ya que presenta los valores precisos, imprecisos, inexactitud, tendencia y desplazamiento.

c) En el gráfico de Levy-Jenning se presentan los valores de dos controles (normal y patológico.).

d) Todas son correctas.

### 18. Las gráficas de Levy-Jennings:

a) Representan la absorbancia en función de la concentración.

b) Se utilizan para calcular la capacidad pulmonar total.

c) Son gráficas utilizadas en el control de calidad de un laboratorio.

d) Representan la intensidad de corriente en función del voltaje aplicado.

### 19. Un calibrador:

a) Generalmente tiene dos niveles de concentración, normal y patológico.

b) Se utiliza para controlar la exactitud de un método.

c) Se utiliza para controlar la precisión de un método.

d) Todas son correctas.

### 20. La capacidad de un método analítico para detectar un compuesto determinado y no otro se llama:

a) Especificidad.

b) Sensibilidad.

c) Linealidad.

d) Eficiencia.

En MADTEST tienes **más preguntas de este tema**, y todos tus avances quedan registrados y se reflejan en el ranking.

**¡Supera tus límites con MADTEST!**

# Solución al test n.º 8

**1.** a) Lograr resultados con el mínimo uso de recursos.

**2.** b) Eficacia.

**3.** b) La minimización de riesgos y errores en la atención sanitaria.

**4.** c) Eficiencia.

**5.** b) Manual de calidad.

**6.** d) Eficacia.

**7.** b) Cualquier incumplimiento de los requisitos de acreditación.

**8.** b) ISO 8402.

**9.** b) Ciclo Deming.

**10.** a) Auditoría.

**11.** c) Calibración.

**12.** a) Disponer de uno de mayor precisión que proporcione el valor verdadero.

**13.** d) Todas son correctas.

**14.** c) Historia del paciente.

**15.** b) El rango de medida.

**16.** d) Todas son correctas.

**17.** d) Todas son correctas.

**18.** c) Son gráficas utilizadas en el control de calidad de un laboratorio.

**19.** a) Generalmente tiene dos niveles de concentración, normal y patológico.

**20.** a) Especificidad.

# TEST N.º 9

## Atención al paciente. Documentación sanitaria. Tipos de documentos. Utilidad y aplicaciones. Principios fundamentales de la Bioética. El secreto profesional: concepto y regulación jurídica. Confidencialidad de datos. Seguridad del paciente. Sistemas de información de laboratorio. Manejo y flujo de información en las aplicaciones informáticas

**1. Entre los documentos clínicos de uso hospitalario, destacan:**

a) Hoja de Ingreso.
b) Impreso de alta voluntaria.
c) Gráficas de constantes vitales.
d) Todas son correctas.

**2. ¿Cómo se denomina el documento que recoge las atenciones de enfermería que se prestaron al paciente en el Servicio de Urgencias, así como la evolución en los cuidados de enfermería en el caso de que estuviera varias horas en este servicio?**

a) Informe médico de urgencias.
b) Hoja de Enfermería de urgencias.
c) Hoja de evolución médica.
d) Hoja Evolutiva de urgencias.

**3. ¿Cuáles son los tres tipos de hojas operatorias que existen?**

a) La hoja de ingreso, la hoja de anestesia y la hoja de evolución médica.
b) El informe médico de urgencias, la hoja de intervención quirúrgica y la hoja de anestesia.
c) Las gráficas de constantes vitales, la hoja de ingreso y la hoja de anestesia.
d) La hoja de intervención quirúrgica, la hoja de anestesia y la hoja de Enfermería.

**4. La hoja de valoración del paciente se debe de realizar:**

a) En las 8 horas primeras del ingreso.
b) En las 12 horas primeras del ingreso.

c) En las 24 horas primeras del ingreso.
d) En las 48 horas primeras del ingreso.

**5. ¿Cuál de los siguientes apartados no está implícito en un informe de alta de enfermería?**

a) Problemas no resueltos al alta.
b) Problemas que pueden aparecer posteriormente.
c) Observaciones.
d) Motivo de ingreso.

**6. El archivo de la Historia Clínica puede realizarse de la siguiente forma; señale la opción incorrecta:**

a) Por orden numérico.
b) Por orden de apertura.
c) Por orden correlativo.
d) Por orden de cierre (fecha del óbito).

**7. ¿Qué tipo de archivo de la historia clínica sólo es útil en un medio rural con poca densidad de población?**

a) El archivo por orden alfabético.
b) El archivo por orden de apertura.
c) El archivo por orden numérico.
d) El archivo por orden correlativo.

**8. La historia clínica en atención hospitalaria se diferencia de la historia clínica en atención primaria en:**

a) En Atención Primaria se trabaja con enfermedades que casi siempre se diagnostican.
b) En Atención Hospitalaria los pacientes/sanos conservan grandes parcelas de libertad.
c) En Atención Hospitalaria comienza desde el ingreso hasta el alta al paciente no/sano.
d) En Atención Primaria los pacientes se ven desvinculados de su medio y carecen de libertad.

**9. ¿Qué Ley regula la autonomía del paciente y los derechos y obligaciones en materia de información y documentación clínica?**

a) La Ley 41/2002, de 14 de noviembre.
b) La Ley 4/2002, de 11 de noviembre.
c) La Ley 12/2002, de 3 de noviembre.
d) La Ley 32/2003, de 13 de noviembre.

**10. La cumplimentación de la historia clínica, en los aspectos relacionados con la asistencia directa al paciente, será responsabilidad:**

a) De la dirección del centro sanitario.
b) De los profesionales que intervengan en ella.
c) Del centro asistencial.
d) Las opciones a) y b) son correctas.

**11. Va en contra del principio *Primun non nocere*:**

a) El encarnizamiento terapéutico.
b) Acoplar la terapia a la situación real del enfermo.
c) Permitir acompañamiento familiar.
d) Ninguna va en contra de este principio.

**12. Respecto a las normas éticas es cierto que:**

a) Tienen repercusión jurídica.
b) No han de cumplirse obligatoriamente.
c) Están ligadas al Estado.
d) A veces su cumplimiento es exigido de alguna manera por organizaciones colegiales o asociaciones profesionales.

**13. No consideramos un valor intrínseco:**

a) El aire.
b) La salud.
c) El agua.
d) Los alimentos.

**14. La calumnia es:**

a) Un acto no intencionado pero que origina daños a terceros.
b) La falta de una aplicación o cuidado por omisión.
c) Una declaración falsa y malintencionada.
d) Desacreditar a alguien.

**15. Cuando el asalto se produce de forma que se toca o afecta el cuerpo de una persona sin su consentimiento se denomina:**

a) Agresión.
b) Lesión.
c) Difamación.
d) Esa es la definición de asalto.

**16. Según el artículo 7.1 de la LO 3/2018, el tratamiento de los datos personales de un menor de edad únicamente podrá fundarse en su consentimiento cuando sea mayor de:**

a) 12 años.
b) 13 años.
c) 14 años.
d) 16 años.

**17. ¿Cuál de las siguientes afirmaciones describe con mayor precisión la evolución funcional de un sistema de gestión de información de laboratorio (LIMS)?**

a) Su uso se ha limitado a la trazabilidad de muestras en laboratorios clínicos.
b) Se ha mantenido como una herramienta exclusiva para la gestión de casos forenses.
c) Su funcionalidad se ha reducido en entornos regulados debido a su complejidad.
d) Ha evolucionado hacia una plataforma de planificación de recursos empresariales que abarca múltiples aspectos de la informática de laboratorio.

**18. ¿Cuál es la estructura jerárquica recomendada para la base de datos de un Sistema de Información de Laboratorio (SIL)?**

a) Solicitud – Paciente – Muestra – Resultado – Prueba.
b) Paciente – Solicitud – Muestra – Prueba – Resultado.
c) Resultado – Prueba – Muestra – Solicitud – Paciente.
d) Muestra – Resultado – Paciente – Prueba – Solicitud.

**19 ¿Cuál de las siguientes afirmaciones es correcta respecto a la fase preanalítica en el flujo de trabajo del laboratorio?**

a) Es la fase con menor incidencia de errores.
b) Actualmente no se considera relevante informatizar esta fase.
c) Incluye la recogida de datos demográficos, descripción de la muestra y solicitud de pruebas.
d) Comienza tras el análisis de la muestra y antes de la validación del informe.

**20. ¿Qué tipo de control de calidad analítico implica la participación de una organización externa?**

a) Control interno.
b) Control con datos de pacientes.
c) Control externo.
d) Control automatizado por el LIS.

En MADTEST tienes **más preguntas de este tema**, y todos tus avances quedan registrados y se reflejan en el ranking.

**¡Supera tus límites con MADTEST!**

# Solución al test n.º 9

**1.** d) Todas son correctas.

**2.** b) Hoja de Enfermería de urgencias.

**3.** d) La hoja de intervención quirúrgica, la hoja de anestesia y la hoja de Enfermería.

**4.** c) En las 24 horas primeras del ingreso.

**5.** b) Problemas que pueden aparecer posteriormente.

**6.** d) Por orden de cierre (fecha del óbito).

**7.** a) El archivo por orden alfabético.

**8.** c) En Atención Hospitalaria comienza desde el ingreso hasta el alta al paciente no/sano.

**9.** a) La Ley 41/2002, de 14 de noviembre.

**10.** b) De los profesionales que intervengan en ella.

**11.** a) El encarnizamiento terapéutico.

**12.** d) A veces su cumplimiento es exigido de alguna manera por organizaciones colegiales o asociaciones profesionales.

**13.** b) La salud.

**14.** c) Una declaración falsa y malintencionada.

**15.** a) Agresión.

**16.** c) 14 años.

**17.** d) Ha evolucionado hacia una plataforma de planificación de recursos empresariales que abarca múltiples aspectos de la informática de laboratorio.

**18.** b) Paciente – Solicitud – Muestra – Prueba – Resultado.

**19.** c) Incluye la recogida de datos demográficos, descripción de la muestra y solicitud de pruebas.

**20.** c) Control externo.

# TEST N.º 10

**Estadística descriptiva. Tipos de variables y distribuciones.
Análisis estadístico aplicado al laboratorio.
Relaciones entre variables: correlación y regresión**

**1. Decir no numéricamente que una glucemia es muy alta, alta, normal, baja o muy baja, nos referimos a datos:**

a) Cuantitativos continuos.
b) Cuantitativos discretos.
c) Cualitativos ordinales.
d) Son ciertas a) y b).

**2. ¿Qué se define como la variable cuyo valor es dependiente de otra u otras variables?**

a) Variable aleatoria.
b) Variable independiente.
c) Función.
d) Variable no aleatoria.

**3. Al decir que un individuo posee sangre AB+ estamos indicando información de antígenos sanguíneos que posee o no, en relación con grupos y sistemas sanguíneos. ¿Cómo será la variable de la población o muestra de estudio en cuanto al número de propiedades empleadas?**

a) Unidimensional.
b) Bidimensional.
c) Tridimensional.
d) Pluridemensional.

**4. ¿Qué tipo de datos o variables están sujetos al error que puede cometer el aparato de medida?**

a) Cuantitativos continuos.
b) Cuantitativos discretos.

c) Semicuantitativos.
d) Cualitativos puros.

**5. ¿Qué se define como la función de los valores numéricos de una muestra?**

a) Estadístico.
b) Parámetros.
c) Individuo.
d) Rango.

**6. Esencialmente, las frecuencias relativas de una distribución valen para:**

a) El cálculo de la frecuencia absoluta.
b) Hallar la media aritmética.
c) Comparar en tablas variables del mismo tipo, dos muestras con tamaños diferentes.
d) Llevar a cabo el análisis de dos varianzas.

**7. ¿Cuál de las siguientes afirmaciones describe con mayor precisión la utilidad de las medidas de dispersión en estadística descriptiva?**

a) Cuantifican la variabilidad de los datos respecto a la media.
b) Indican la posición de los percentiles en la distribución.
c) Permiten identificar la variable cualitativa más frecuente.
d) Se utilizan solo para datos cualitativos ordinales.

**8. En el contexto de una distribución cuantitativa agrupada, ¿qué representa la marca de clase?**

a) El valor medio entre el límite superior del intervalo y el total de la muestra.
b) La media aritmética de todos los datos del intervalo.
c) El punto medio entre el límite inferior y superior del intervalo.
d) El valor mínimo del intervalo con mayor frecuencia.

**9. Cuando se realiza una estimación puntual de la media poblacional a partir de una muestra, ¿qué propiedad debe cumplir el estimador para que su valor esperado coincida con el parámetro real?**

a) Consistencia.
b) Eficiencia.
c) Suficiencia.
d) Ausencia de sesgo.

**10. ¿Qué gráfico es el más apropiado para representar una variable cuantitativa continua agrupada en intervalos de clase con frecuencias relativas?**

a) Diagrama de sectores.
b) Diagrama de barras.

c) Histograma.
d) Pictograma.

**11. ¿Qué no es cierto de las representaciones gráficas de muestras o poblaciones?**

a) Su elección de tipo depende la clase de dato o variable con el que se trabaje.
b) Deben impactar en quien las visualiza.
c) Son de lectura lenta, para evitar errores.
d) Dan información completa de lo estudiado en la muestra o población.

**12. ¿Qué gráfica de estas se emplea más en estadística inferencial?**

a) Pictograma.
b) Diagrama de barras.
c) Histograma.
d) Diagrama de dispersión.

**13. Respecto a las representaciones gráficas de muestras o poblaciones:**

a) Nunca deben mostrarse las escalas o unidades de medida que se representan.
b) No deben autoexplicarse, para ello está el pie del gráfico.
c) Deben clarificar el contenido del material presentado.
d) Son ciertas a) y c).

**14. En el marco de la inferencia estadística, ¿cuál es la principal diferencia entre los contrastes de hipótesis paramétricos y no paramétricos?**

a) Los paramétricos asumen una distribución conocida; los no paramétricos no.
b) Los paramétricos requieren muestras grandes, los no paramétricos no.
c) Los no paramétricos comparan frecuencias, los paramétricos distribuciones.
d) Los paramétricos requieren datos ordinales y los no paramétricos nominales.

**15. La parte de la Estadística responsable de sacar consecuencias o predicciones a partir de los datos obtenidos, se denomina:**

a) Descriptiva.
b) Predictiva.
c) Inferencial.
d) Probabilística.

**16. En los contrastes de hipótesis paramétricos, ¿a qué denominamos riesgo de segunda espacie o error de tipo II? Cuando:**

a) No rechazamos la hipótesis nula siendo esta falsa.
b) Rechazamos la hipótesis nula siendo esta falsa.

c) Rechazamos la hipótesis nula siendo esta cierta.

d) Ninguna de las respuestas anteriores es correcta.

**17. En los contraste de hipótesis paramétricos:**

a) Se rechaza la hipótesis nula si el estadístico de prueba está dentro de la región de aceptación.

b) Se acepta la hipótesis nula si el estadístico de prueba está dentro de la región crítica.

c) Se rechaza la hipótesis nula si el estadístico de prueba está fuera de la región crítica.

d) Se acepta la hipótesis nula si el estadístico de prueba está fuera de la región crítica.

**18. En los contrastes de hipótesis paramétricos, ¿a qué se denomina punto crítico?**

a) Al valor real del estadístico de prueba empleado.

b) Al valor teórico del estadístico de prueba empleado.

c) Al valor muestral del estadístico de prueba empleado.

d) Al valor central del intervalo de confianza.

**19. ¿Cómo estimaría el valor de un parámetro desconocido en una muestra de distribución desconocida cuyos datos no se ajustan a ninguna distribución conocida?**

a) Mediante métodos de estimación puntual.

b) Por estimación por intervalos.

c) Mediante contrastes de hipótesis paramétricos.

d) Mediante contrastes de hipótesis no paramétricos.

**20. Se desea contrastar la normalidad de la distribución una variable continua sin agrupar. La muestra que estamos estudiando presenta 25 observaciones, ¿qué test de contraste emplearía?**

a) Test de Kolmogorov-Smirnov.

b) Test de Kolmogorov-Smirnov con corrección de Lilliefors.

c) Test de Shapiro-Wilk.

d) Test de D'Agostino.

En MADTEST tienes **más preguntas de este tema**, y todos tus avances quedan registrados y se reflejan en el ranking.

**¡Supera tus límites con MADTEST!**

# Solución al test n.º 10

**1.** c) Cualitativos ordinales.

**2.** c) Función.

**3.** b) Bidimensional.

**4.** a) Cuantitativos continuos.

**5.** a) Estadístico.

**6.** c) Comparar en tablas variables del mismo tipo, dos muestras con tamaños diferentes.

**7.** a) Cuantifican la variabilidad de los datos respecto a la media.

**8.** c) El punto medio entre el límite inferior y superior del intervalo.

**9.** d) Ausencia de sesgo.

**10.** c) Histograma.

**11.** c) Son de lectura lenta, para evitar errores.

**12.** d) Diagrama de dispersión.

**13.** c) Deben clarificar el contenido del material presentado.

**14.** a) Los paramétricos asumen una distribución conocida; los no paramétricos no.

**15.** c) Inferencial.

**16.** a) No rechazamos la hipótesis nula siendo esta falsa.

**17.** d) Se acepta la hipótesis nula si el estadístico de prueba está fuera de la región crítica.

**18.** b) Al valor teórico del estadístico de prueba empleado.

**19.** d) Mediante contrastes de hipótesis no paramétricos.

**20.** c) Test de Shapiro-Wilk.

**Epidemiología de las enfermedades transmisibles. Infección nosocomial: prevención y consecuencias. Equipos de protección individual. Concepto de sepsis, asepsia, esterilización y desinfección. Limpieza, desinfección y esterilización de material y equipos de laboratorio. Manejo de materiales estériles**

**1. ¿Qué fin práctico tiene la epidemiología?**

a) Reducción de errores sistemáticos.
b) Clasificación de enfermedades.
c) Evaluación de programas de salud.
d) Razonamiento diagnóstico.

**2. En la etapa descriptiva del método epidemiológico, ¿qué acción se realiza primero?**

a) Recolección de todos los hechos.
b) Tabulación de datos.
c) Observación del fenómeno.
d) Elaboración de hipótesis.

**3. ¿Cuál es un componente de la cadena epidemiológica?**

a) Glóbulo blanco.
b) Factor de riesgo.
c) Agente causal.
d) Periodo prodrómico.

**4. ¿Cuál es la vía de transmisión más frecuente de las enfermedades transmisibles?**

a) Digestiva.
b) Cutánea.
c) Respiratoria.
d) Parenteral.

**5. ¿Qué microorganismo es más frecuente en las infecciones urinarias nosocomiales?**

a) Klebsiella pneumoniae.
b) Escherichia coli.
c) Pseudomonas aeruginosa.
d) Staphylococcus epidermidis.

**6. ¿Cuál es el principal agente etiológico de la neumonía nosocomial?**

a) *Pseudomonas aeruginosa*.
b) Herpes zóster.
c) Bacillus cereus.
d) Virus del sarampión.

**7. ¿Cuál de las siguientes enfermedades tiene declaración obligatoria urgente?**

a) Fiebre del Nilo Occidental.
b) Varicela común.
c) Herpes zóster.
d) Brucelosis crónica.

**8. ¿Qué precaución es fundamental en el aislamiento de contacto?**

a) Uso de mascarilla quirúrgica.
b) Lavado de manos y uso de guantes y bata.
c) Ventilación forzada del ambiente.
d) Desinfección aérea.

**9. ¿Cuál es un factor de riesgo extrínseco para las IRAS?**

a) Edad avanzada.
b) Diabetes mellitus.
c) Quimioterapia.
d) Sexo femenino.

**10. Al conjunto de técnicas utilizadas para la eliminación de microorganismos de los objetos, materiales, superficies, etc., se las conoce genéricamente como:**

a) Antisepsia.
b) Desinfección.
c) Limpieza.
d) Asepsia.

**11. En la antisepsia se utilizan:**

a) Gammaglobulinas.
b) Productos químicos.
c) Desinfectantes.
d) Las respuestas b) y c) son correctas.

**12. Indique, de entre los siguientes, cuál es un medio físico de esterilización:**

a) Calor.
b) Óxido de etileno.
c) Peróxido de hidrógeno.
d) Alcohol etílico de 70º.

**13. La esterilización por autoclave:**

a) Utiliza calor seco.
b) Utiliza vapor de agua a presión.
c) Utiliza radiaciones ionizantes.
d) Se basa en el uso directo de la llama.

**14. ¿Cuál es el principal vehículo en la transmisión de microorganismos en clínica hospitalaria?**

a) La ropa del personal sanitario.
b) Las manos del personal sanitario.
c) El estetoscopio de médicos y enfermeras.
d) Los guantes desechables del personal sanitario.

**15. ¿Qué es falso o inadecuado para cumplir con el lavado de manos de forma correcta?**

a) Las uñas del personal sanitario deben ser cortas.
b) No se deben llevar reloj de pulseras, ni sortijas cuando se trabaja como personal sanitario.
c) El personal sanitario puede y debe de llevar anillos, si estos guardan algún mensaje de condición o peculiaridad personal.
d) No se debe de llevar en el trabajo ningún tipo de esmalte en uñas.

**16. ¿Cómo se denominan las barreras que emplean mecanismos físicos o mecánicos que actúan como tal, previniendo la transferencia de contaminantes o fuentes potenciales de contaminación en clínica hospitalaria? Barreras:**

a) Medioambientales.
b) Sanitarias.
c) Higiénicas.
d) Prohibidas.

**17. ¿Cuál de éstas es la principal barrera higiénica en el ámbito hospitalario, ya que su no empleo conduce a ser el principal vehículo en la transmisión de microorganismos?**

a) Lavado correcto de manos.
b) Uso adecuado de guantes.
c) Empleo de bata estéril.
d) Correcta utilización de mascarilla.

**18. ¿Cómo se denomina la capacidad del agente causal para extenderse?**

a) Virulencia.
b) Patogenicidad.
c) Inmunogenicidad.
d) Contagiosidad.

**19. Se entiende por virulencia:**

a) La habilidad de un agente causal para producir reacción inmunológica local o general.
b) El grado o cantidad de enfermedad que puede producir el agente causal.
c) La capacidad para dar lugar a una enfermedad, una vez infectado un huésped.
d) La cantidad de eslabones que posee una enfermedad transmisible

**20. ¿Qué es la antigenicidad?**

a) Capacidad para multiplicarse el agente causal en los tejidos, dando o no lugar a enfermedad.
b) Grado o cantidad de enfermedad que puede producir el agente causal.
c) Habilidad de un agente causal para producir reacción inmunológica local o general.
d) Capacidad del agente para extenderse.

En MADTEST tienes **más preguntas de este tema**, y todos tus avances quedan registrados y se reflejan en el ranking.

**¡Supera tus límites con MADTEST!**

# Solución al test n.º 11

**1.** c) Evaluación de programas de salud.

**2.** c) Observación del fenómeno.

**3.** c) Agente causal.

**4.** c) Respiratoria.

**5.** b) Escherichia coli.

**6.** a) *Pseudomonas aeruginosa.*

**7.** a) Fiebre del Nilo Occidental.

**8.** b) Lavado de manos y uso de guantes y bata.

**9.** c) Quimioterapia.

**10.** a) Antisepsia.

**11.** d) Las respuestas b) y c) son correctas.

**12.** a) Calor.

**13.** b) Utiliza vapor de agua a presión.

**14.** b) Las manos del personal sanitario.

**15.** c) El personal sanitario puede y debe de llevar anillos, si estos guardan algún mensaje de condición o peculiaridad personal.

**16.** c) Higiénicas.

**17.** a) Lavado correcto de manos.

**18.** d) Contagiosidad.

**19.** b) El grado o cantidad de enfermedad que puede producir el agente causal.

**20.** c) Habilidad de un agente causal para producir reacción inmunológica local o general.

**Riesgos laborales en el laboratorio. Medidas de prevención.
Ergonomía y adaptación del puesto de trabajo.
Medidas de seguridad en el laboratorio**

**1. El nivel de contención 3:**

a) Se trabaja con microorganismos o productos con poder patógeno en cabina de seguridad.
b) Cerca de las puertas de salida debe haber lavabos que se accionen con el codo o rodilla.
c) Existirá un autoclave para descontaminar el propio laboratorio.
d) Todas las respuestas anteriores son correctas.

**2. El virus de la fiebre Congo-Crimea se debe trabajar en laboratorio con nivel de contención:**

a) Nivel 1.
b) Nivel 2.
c) Nivel 3.
d) Nivel 4.

**3. El laboratorio de un hospital:**

a) Es un laboratorio de nivel de contención 2.
b) Se deben usar guantes cuando se realicen técnicas con agentes potencialmente infecciosos.
c) Los microorganismos saprófitos se deben cultivar en cabinas de seguridad.
d) Las respuestas a) y b) son correctas.

**4. Para que se produzca una infección o accidente por agente biológico necesitaremos:**

a) Huésped susceptible con una vía de entrada accesible.
b) Un agente infeccioso en concentración suficiente.
c) Una vía de entrada (aérea y la inoculación son las más frecuentes).
d) Todas las respuestas anteriores son correctas.

**5. Es de obligado cumplimiento en el laboratorio:**

a) Marcar todas las áreas con un visible cartel de riesgo biológico.
b) Tras quitarse los guantes lavarse las manos.
c) Las ventanas y puertas deben permanecer cerradas para que no se escapen gérmenes.
d) Todas las respuestas anteriores son correctas.

**6. Los microorganismos de grupo IV son de biopeligrosidad:**

a) Alta.
b) Limitada.
c) Moderada.
d) Baja.

**7. Los microorganismos causantes de infecciones graves con peligro de diseminación de la infección pero de los cuales existe profilaxis y tratamiento efectivo se encuentran en el grupo:**

a) Grupo I.
b) Grupo II.
c) Grupo III.
d) Grupo IV.

**8. En referencia a los microorganismos del grupo II:**

a) Pueden causar epidemias con facilidad.
b) Siempre debe trabajarse en cabinas de seguridad.
c) Su prevención o tratamiento es sencillo y efectivo.
d) Todas son ciertas.

**9. La sustancia química que provoca aberraciones químicas irreversibles en el ADN son denominadas:**

a) Teratógenas.
b) Adenógenas.
c) Mutágenas.
d) Carcinógenas.

**10. Señala el enunciado incorrecto en relación a las cabinas de seguridad de clase I:**

a) Son cámaras cerradas con una abertura al frente para permitir el acceso de los brazos del operador.
b) El aire penetra a través del filtro HEPA y sale al exterior por el frontal.
c) La velocidad de flujo del aire es de unos 40 m/s.
d) Son apropiadas para manipular agentes de los grupos 1,2 y 3.

**11. Los equipos o prendas de protección personal se definen en:**

a) Real Decreto 770/1997.
b) Real Decreto 771/1997.
c) Real Decreto 772/1997.
d) Real Decreto 773/1997.

**12. En un laboratorio de microbiología clínica son necesarios los siguientes EPI:**

a) Gafas de seguridad y pantallas faciales, mascarillas y máscaras.
b) Guantes y manguitos.
c) Batas.
d) Todos son necesarios.

**13. En cuanto a las cabinas de clase I, indica la opción incorrecta:**

a) No deben situarse cerca de puertas o ventanas.
b) Son cámaras abiertas con una abertura al frente para permitir el acceso de los brazos del operador.
c) Contienen filtros HEPA.
d) Se emplean para manipular agentes biológicos de los grupos 1, 2 o 3.

**14. Las cabinas de clase II se diferencian de las de clase I en que:**

a) Se emplean para manipular agentes biológicos de los grupos 3 o 4.
b) Ofrecen protección al producto frente a la contaminación.
c) No usan filtros HEPA.
d) Se pueden situar cerca de puertas o ventanas.

**15. Las cabinas de clase III:**

a) Son recintos herméticos en presión negativa.
b) Sólo se recomienda su uso para agentes del grupo 4.
c) Su interior comunica con el entorno por un extractor situado fuera del laboratorio.
d) Todas son falsas.

**16. En los hospitales, ¿cuál es el nivel máximo de intensidad acústica?**

a) 25 dB.
b) 30 dB.
c) 40 dB.
d) 45 dB.

**17. Según la Centers for Disease Control (CDC), las precauciones Universales y Standard, recomiendan (señala lo incorrecto):**

a) Que todas las muestras de sangre y ciertos líquidos corporales son considerados potencialmente infecciosos, por lo que respecta al VIH y al VHB.
b) Aplicar estas recomendaciones también a saliva, heces, esputo, sudor y lágrimas.

c) Que todos los trabajadores de la salud, utilicen, de manera rutinaria, las adecuadas medidas de barrera para prevenir la exposición de la piel y las mucosas al contacto con muestras de sangre u otros fluidos del organismo.

d) Que las manos y otras superficies cutáneas deben lavarse inmediata y exhaustivamente si se contaminan con sangre u otros fluidos orgánicos.

**18. La mayoría de las veces que un Técnico se expone a agentes biológicos no le ocasiona una infección ya que el riesgo depende de varios factores, indica cual no es un factor a tener en cuenta para que se produzca la infección:**

a) Patógeno implicado.
b) Tipo de exposición.
c) Tipo de persona.
d) Cantidad de virus contenido en la sangre en el momento de la exposición.

**19. Señala el enunciado incorrecto en relación al riesgo de transmisión después de un accidente biológico:**

a) Para el VHB si el paciente fuente es hepatitis B antígeno de superficie positivo y hepatitis B antígeno core positivo, el riesgo de trasmisión varía entre el 37 % y 62 %.
b) Si el paciente fuente es HBsAG negativo y HBcAG negativo el riesgo de transmisión es del 1-3 %.
c) Si el paciente fuente es VHC positivo, el riesgo de transmisión es aproximadamente 1,6 %.
d) Si el paciente fuente es VIH positivo, el riesgo de trasmisión es de aproximadamente 0,3 % después de exposición percutánea y 0,09% después de exposición a mucosas.

**20. Las infecciones producidas por el VHA y el VHE:**

a) No representan un riesgo ocupacional importante.
b) El VHE constituye un riesgo mayor que el VHA.
c) La vía de transmisión es parenteral.
d) Se recomienda un nivel de contención 3.

En MADTEST tienes **más preguntas de este tema**, y todos tus avances quedan registrados y se reflejan en el ranking.

**¡Supera tus límites con MADTEST!**

# Solución al test n.º 12

**1.** d) Todas las respuestas anteriores son correctas.

**2.** d) Nivel 4.

**3.** d) Las respuestas a) y b) son correctas.

**4.** d) Todas las respuestas anteriores son correctas.

**5.** d) Todas las respuestas anteriores son correctas.

**6.** a) Alta.

**7.** c) Grupo III.

**8.** c) Su prevención o tratamiento es sencillo y efectivo.

**9.** c) Mutágenas.

**10.** b) El aire penetra a través del filtro HEPA y sale al exterior por el frontal.

**11.** d) Real Decreto 773/97.

**12.** d) Todos son necesarios.

**13.** b) Son cámaras abiertas con una abertura al frente para permitir el acceso de los brazos del operador.

**14.** b) Ofrecen protección al producto frente a la contaminación

**15.** a) Son recintos herméticos en presión negativa.

**16.** a) 25 Db.

**17.** b) Aplicar estas recomendaciones también a saliva, heces, esputo, sudor y lágrimas.

**18.** c) Tipo de persona.

**19.** b) Si el paciente fuente es HBsAg negativo y HBcAg negativo el riesgo de transmisión es del 1-3 %.

**20.** a) No representan un riesgo ocupacional importante.

**Automatización y aparataje auxiliar del laboratorio clínico. Mantenimiento preventivo y correctivo de equipos principales y auxiliares. Gestión del almacenamiento de reactivos y otros materiales. Fundamento y aplicabilidad de las técnicas utilizadas en el laboratorio clínico: fotometría, espectrofotometría, fluorescencia, electroforesis, cromatografía, inmunoensayos, quimioluminiscencia, química seca, nefelometría, turbidimetría. Puntos a la cabecera del paciente (POCT), etc...**

**1. ¿Cuándo se produce un incremento de los lactatos, aumentando el valor normal de su concentración (cLac)?**

a) Se produce por un suministro apropiado de oxígeno a la mayoría de las células del cuerpo.
b) Se produce por un suministro apropiado de anhídrido carbónico a la mayoría de las células del cuerpo.
c) Se produce por un suministro inadecuado de oxígeno a la mayoría de las células del cuerpo.
d) Se produce por un suministro inadecuado de dióxido de carbono a la mayoría de las células del cuerpo.

**2. ¿Cuántas veces la afinidad de la hemoglobina por el monóxido de carbono es mayor que la que tiene por el oxígeno?**

a) 10.
b) 20.
c) 200.
d) El oxígeno tiene más afinidad por la hemoglobina que el monóxido de carbono.

**3. ¿Cómo debe la puesta en marcha de los sistemas automatizados de análisis?**

a) Inmediata a su encendido.
b) Con un cierto margen de tiempo, sin necesidad de autochequeo.

c) Con un cierto margen de tiempo, tras un sistema de análisis de su estado mediante un programa de autoverificación o chequeo.
d) Da igual cómo se lleve a cabo.

**4. ¿Cómo se denomina al conjunto de operaciones que se realizan, de forma concreta, a un instrumento analítico, o a cualquier equipo de medida, para que nos garantice la exactitud de sus especificaciones?**

a) Programación.
b) Calibración.
c) Verificación.
d) Mantenimiento.

**5. ¿Qué normativa es la que regula en los laboratorios clínicos de centros públicos las compras de materiales?**

a) Ley 9/2017.
b) Ley 15/1999.
c) Ley 3/2018.
d) Real Decreto 23/2014.

**6. ¿A qué grupo según la clasificación de Paretto pertenecen aquellos que representan un escaso porcentaje del valor de los stocks y un gran número de unidades?**

a) Grupo A.
b) Grupo B.
c) Grupo C.
d) Grupo D.

**7. ¿Qué material es fungible?**

a) Autoanalizador.
b) Mobiliario.
c) Centrífuga.
d) Punta de pipeta.

**8. ¿Cómo se denominan los materiales o productos que se deterioran fácilmente por diferentes agentes físicos?**

a) Sin exigencias especiales.
b) Material estéril.
c) Material lábil.
d) Material peligroso.

**9. ¿Qué periodo de caducidad tienen los productos perecederos desde su fabricación?**

a) Inferior a seis meses.
b) Inferior a un año.
c) Inferior a cinco años.
d) Inferior a diez años.

**10. ¿Qué símbolo llevan los productos termolábiles?**

a) Un algodón.
b) Un rombo.
c) Una estrella.
d) Gotas.

**11. Los detectores que se emplean a nivel instrumental en la fotometría de llama son:**

a) Cámaras de ionización.
b) Detectores de cadmio.
c) Tubos fotomultiplicadores.
d) Cámaras de vacío.

**12. Los fotómetros que se emplean en la fotometría de llama llevan un estándar interno de:**

a) Rubidio.
b) Litio.
c) Platino.
d) Estaño.

**13. Fundamentalmente la fotometría de llama se emplea para determinaciones de:**

a) Enzimas.
b) Sodio y potasio.
c) Calcio y magnesio.
d) Hierro y zinc.

**14. ¿Qué elemento patrón utilizaremos en la determinación cuantitativa de la fotometría de llama mediante el método de adición de patrón?**

a) El litio.
b) El rubidio.
c) El magnesio.
d) El mismo elemento que queremos buscar.

**15. La interacción de energía con la materia empleada en espectrofotometría, aprovecha los fenómenos de:**

a) Penetración, absorción, emisión, transmisión o dispersión.
b) Impedancia, penetración, absorción, emisión, transmisión o dispersión.
c) Emisión, dispersión o transmisión.
d) Absorción, emisión, transmisión o dispersión.

**16. ¿A qué grupo de determinaciones bioquímicas en los POCT incluirías la determinación de gases e iones? Basadas en métodos:**

a) Químicos.
b) Enzimáticos.
c) Electroquímicos.
d) Inmunológicos.

**17. La determinación de drogas de abuso se basa en lo POCT en los métodos:**

a) Químico.
b) Enzimático.
c) Electroquímico.
d) Inmunológico.

**18. ¿Qué técnica analítica (muestras de sangre, orina, saliva...) muy común a la cabecera del paciente combina la especificidad y la sensibilidad de la técnica de sándwich con una elevada rapidez en mostrar el resultado en la detección de numerosos analitos? Método:**

a) Electroquímico.
b) De inmunocromatografía.
c) Enzimático.
d) De espectrofotometría de reflactancia.

**19. La PSA (Antígeno Específico Prostático), se realiza a la cabecera de la cama (POCT) mediante métodos de:**

a) Inmunológico.
b) De inmunocromatografía.
c) Químico.
d) De espectrofotometría de reflactancia.

**20. ¿Qué es falso respecto a los documentos clínicos que se generan en el transcurso de los POCT?**

a) Los informes de resultados de los exámenes obtenidos realizados en estos equipos deben ser recuperables como cualquier informe de laboratorio.
b) Los informes de resultados deberán estar disponibles cuando se requieran.

c) La realización de documentación relacionada con los equipos POCT y resultados analíticos del paciente no requieren que cumplan los plazos reglamentarios de conservacion de resultados.

d) Todo lo anterior es cierto.

En MADTEST tienes **más preguntas de este tema**, y todos tus avances quedan registrados y se reflejan en el ranking.

**¡Supera tus límites con MADTEST!**

# Solución al test n.º 13

**1.** c) Se produce por un suministro inadecuado de oxígeno a la mayoría de las células del cuerpo.

**2.** c) 200.

**3.** c) Con un cierto margen de tiempo, tras un sistema de análisis de su estado mediante un programa de autoverificación o chequeo.

**4.** b) Calibración.

**5.** a) Ley 9/2017.

**6.** c) Grupo C.

**7.** d) Punta de pipeta.

**8.** c) Material lábil.

**9.** c) Inferior a cinco años.

**10.** c) Una estrella.

**11.** c) Tubos fotomultiplicadores.

**12.** b) Litio.

**13.** b) Sodio y potasio.

**14.** d) El mismo elemento que queremos buscar.

**15.** d) Absorción, emisión, transmisión o dispersión.

**16.** c) Electroquímicos.

**17.** d) Inmunológico.

**18.** b) De inmunocromatografía.

**19.** b) De inmunocromatografía.

**20.** c) La realización de documentación relacionada con los equipos POCT y resultados analíticos del paciente no requieren que cumplan los plazos reglamentarios de conservacion de resultados.

**Sistemas de unidades en el laboratorio. Gravimetría y volumetría. Concepto de masa, volumen y unidades de medida. Cálculo y preparación de diluciones y disoluciones. Preparación de soluciones tampón. Microscopia. Fundamento, propiedades ópticas y elementos de un microscopio. Tipos de microscopios. Gestión de residuos sanitarios**

**1. ¿Qué método de análisis gravimétrico es el más utilizado? El método de:**

a) Extracción.
b) Volatilización indirecta.
c) Precipitación.
d) Volatilización directa.

**2. ¿Qué método para corregir errores derivados de la coprecipitación se realiza antes de formar el precipitado, separando la impureza o cambiando su naturaleza química por medio de alguna reacción?**

a) Digestión.
b) Reprecipitación.
c) Separación.
d) Precipitación homogénea.

**3. ¿Cuál es de éstas la primera etapa para llevar a cabo un análisis gravimétrico?**

a) Lavado.
b) Disolución.
c) Digestión.
d) Muestreo y preparación de la muestra.

**4. ¿Qué instrumental no se emplea en el proceso gravimétrico?**

a) Mufla.
b) Estufa.
c) Mortero.
d) Se emplea todos los anteriores.

**5. ¿Cómo se denomina en gravimetría el procedimiento para la obtención de cenizas?**

a) Precipitación.
b) Filtración.
c) Pulverización.
d) Calcinado.

**6. ¿Cómo se denominan los útiles de laboratorio que se emplean para transferir volúmenes de líquidos medidos exactamente?**

a) Probetas.
b) Boletas.
c) Pipetas.
d) Matraces.

**7. ¿Qué sistemas materiales consideras heterogéneos?**

a) Disoluciones.
b) Mezclas.
c) Sustancias puras.
d) Ninguno de los anteriores.

**8. ¿Qué técnica de separación de mezclas se emplea para separar los componentes cuando éstos son sólidos y el tamaño de las partículas de cada componente es diferente del de los otros componentes?**

a) Tamizado.
b) Filtrado.
c) Decantado.
d) Destilado.

**9. Si se añaden gotas de una solución indicadora de pH de rojo de metilo en un tubo con la solución problema, nos dará de resultado un pH por encima de 5 si el color que se presenta es:**

a) Rojo.
b) Amarillo.
c) Azul.
d) Violeta.

**10. ¿Cómo se denominan las sustancias más ligeras que quedan por encima de las más pesadas en la centrifugación?**

a) Precipitados.
b) Precipitantes.

c) Sobrenadantes.
d) Analitos.

**11. ¿Cómo se llaman las centrífugas con una velocidad máxima de 5000 r.p.m.? Centrífugas de:**

a) Especialidades.
b) Alta velocidad.
c) Baja velocidad.
d) Ultracentrifugación.

**12. ¿Qué centrífugas son útiles en la separación de fracciones celulares, pero insuficientes para la separación de ribosomas? Centrífugas de:**

a) Especialidades.
b) Alta velocidad.
c) Baja velocidad.
d) Ultracentrifugación.

**13. Las centrífugas micrófugas son útiles:**

a) En el campo de la biología molecular.
b) Para la separación de partículas grandes como son las propias células.
c) Para la separación de partículas grandes como son los precipitados de sales insolubles.
d) Para aislar partículas de bajo coeficiente de sedimentación (microsomas, virus, macromoléculas).

**14. ¿A qué se le denomina la velocidad de sedimentación por unidad de fuerza centrífuga?**

a) A la fuerza estroboscópica.
b) Al coeficiente de sedimentación.
c) A la concentración de sobrenadante.
d) A nada de lo anterior.

**15. ¿Cómo se denomina la unidad del coeficiente de sedimentación de un centrifugado diferencial?**

a) Kaz.
b) Sieverts.
c) Svedberg.
d) No tiene unidad.

**16. ¿Cómo se calificaría concretamente a cualquier operación cuyo resultado principal sea que el residuo sirva a una finalidad útil al sustituir a otros materiales?**

a) Tratamiento.
b) Valoración.
c) Reutilización.
d) Eliminación.

**17. ¿Cuándo una sustancia es considerada residuo, y no subproducto?**

a) Cuando la sustancia u objeto se pueda utilizar directamente sin tener que someterse a una transformación ulterior distinta de la práctica industrial habitual.
b) Cuando el uso ulterior cumpla todos los requisitos pertinentes relativos a los productos así como a la protección de la salud humana y del medio ambiente, sin que produzca impactos generales adversos para la salud humana o el medio ambiente.
c) Cuando la sustancia u objeto se produzca como parte integrante de un proceso de producción.
d) Cuando la sustancia u objeto que su poseedor deseche o tenga la intención o la obligación de desechar.

**18. ¿Qué se entiende por reciclado?**

a) Es la operación de valorización consistente en la comprobación, limpieza o reparación, mediante la cual productos o componentes de productos que se hayan convertido en residuos se preparan para que puedan reutilizarse sin ninguna otra transformación previa.
b) Es cualquier operación mediante la cual productos o componentes de productos que no sean residuos se utilizan de nuevo con la misma finalidad para la que fueron concebidos.
c) Es cualquier operación que no sea la valorización, incluso cuando la operación tenga como consecuencia secundaria el aprovechamiento de sustancias o energía.
d) Es toda operación de valorización mediante la cual los materiales de residuos son transformados de nuevo en productos, materiales o sustancias, tanto si es con la finalidad original como con cualquier otra finalidad.

**19. ¿Qué característica de éstas no cumple un subproducto?**

a) Que la sustancia u objeto se produzca como parte integrante de un proceso de producción.
b) Que se tenga la seguridad de que la sustancia u objeto va a ser utilizado ulteriormente.
c) Que la sustancia u objeto se pueda utilizar directamente sin tener que someterse a una transformación ulterior distinta de la práctica industrial habitual.
d) Cumple todas las anteriores.

**20. La Ley 7/2022, de 8 de abril, de residuos y suelos contaminados para una economía circular, no es aplicable a:**

a) Los explosivos desclasificados.
b) Los suelos contaminados.
c) Los productos fabricados con plástico oxodegradable.
d) Los artes de pesca que contienen plásticos.

En MADTEST tienes **más preguntas de este tema**, y todos tus avances quedan registrados y se reflejan en el ranking.

**¡Supera tus límites con MADTEST!**

# Solución al test n.º 14

**1.** c) Precipitación.

**2.** c) Separación.

**3.** d) Muestreo y preparación de la muestra.

**4.** d) Se emplea todos los anteriores.

**5.** d) Calcinado.

**6.** c) Pipetas.

**7.** b) Mezclas.

**8.** a) Tamizado.

**9.** b) Amarillo.

**10.** c) Sobrenadantes.

**11.** c) Baja velocidad.

**12.** b) Alta velocidad.

**13.** a) En el campo de la biología molecular.

**14.** b) Al coeficiente de sedimentación.

**15.** c) Svedberg.

**16.** b) Valoración.

**17.** d) Cuando la sustancia u objeto que su poseedor deseche o tenga la intención o la obligación de desechar.

**18.** d) Es toda operación de valorización mediante la cual los materiales de residuos son transformados de nuevo en productos, materiales o sustancias, tanto si es con la finalidad original como con cualquier otra finalidad.

**19.** d) Cumple todas las anteriores.

**20.** a) Los explosivos desclasificados.

# TEST N.º 15

**Fase preanalítica en las muestras biológicas humanas: Obtención, recogida, transporte y conservación de muestras. Anticoagulantes y aditivos utilizados en el material de extracción de sangre. Normativa de transporte de muestras biológicas. Procedimientos de identificación y etiquetado de muestras. Criterios de rechazo de muestras biológicas**

**1. Una muestra del contenido de un absceso de un paciente es una muestra:**

a) De líquido corporal.
b) De exudado.
c) De células.
d) De gases.

**2. Entre las características básicas de los envases de toma de muestra no se encuentra:**

a) Presentar un cierre hermético.
b) Ser de un solo uso.
c) Ser estériles.
d) Todas son ciertas.

**3. Si el paciente debe recoger la muestra en casa deberá ser instruido de forma correcta; lo ideal es:**

a) Dar toda la información por escrito, aunque se informe de manera oral.
b) Bastará con dar la información de forma oral.
c) Se remitirá a AP para ofrecer la información oportuna.
d) No se deben tomar muestras por los pacientes.

**4. Si queremos realizar determinaciones bioquímicas en plasma usaremos un bote con heparina de sodio o litio de tapón:**

a) Azul.
b) Blanco.

c) Malva.
d) Verde.

**5. A la hora de una toma de sangre venosa se deben seguir una serie de pasos; ¿cuál no está en el orden correcto?**

a) Identificar al paciente.
b) Desinfectar la zona.
c) Palpar para encontrar la vena seleccionada.
d) Llenar los tubos en el orden correcto.

**6. La mezcla de Wintrobe ha sido sustituida en la actualidad por:**

a) Oxalato sódico.
b) ACG.
c) ACD.
d) EDTA.

**7. Si queremos tomar una muestra de orina en un paciente con una sonda vesical:**

a) Cogeremos la muestra de la bolsa.
b) Pinzaremos la sonda durante 15 minutos y luego obtendremos la muestra.
c) Solo podrá tomarse la muestra de pacientes que no estén sondados.
d) Se quitará la bolsa y obtendremos la muestra por goteo.

**8. Si queremos determinar la glucosuria usaremos como conservante:**

a) Fluoruro sódico.
b) Cloroformo.
c) Formaldehído.
d) Ácido bórico.

**9. Si queremos realizar un estudio básico en heces el paciente deberá someterse a una dieta:**

a) Baja en residuos.
b) Baja en carnes rojas.
c) Baja en proteínas.
d) No debe someterse a ninguna dieta específica.

**10. Para una toma de muestra de semen en un estudio de infertilidad la OMS establece un periodo de abstinencia de:**

a) 4-10 días.
b) 2-7 días.

c) 48 horas.

d) No existe un periodo de abstinencia determinado por la OMS.

**11. Si tenemos que coger un exudado uretral se debe realizar:**

a) Tras un periodo de abstinencia de 4 días.

b) Antes de la primera micción de la mañana.

c) En cualquier momento del día.

d) Tras un periodo de ayuno de 8 horas.

**12. La toma de muestra del LCR se realiza normalmente en el espacio:**

a) Intervertebral.

b) En el espacio subaracnoideo.

c) Cisternal.

d) Surco medio.

**13. Si queremos obtener una muestra de drenaje gástrico el paciente deberá estar en ayunas:**

a) 6 horas.

b) 8 horas.

c) 12 horas.

d) No hace falta ayunar para esta prueba.

**14. En pacientes pediátricos la toma de muestra de la BMO se realiza normalmente en:**

a) Crestas ilíacas.

b) Tibia.

c) Cráneo.

d) Esternón.

**15. La trazabilidad es necesaria en el proceso de recogida, transporte y procesamiento de la muestra. Nos sirve para:**

a) Asegurar la conservación correcta de la muestra durante todo el proceso.

b) Saber durante todo el proceso la identificación y localización de la muestra.

c) Conocer la forma correcta de tratar una muestra determinada.

d) Todas son ciertas.

**16. ¿Cuál de los siguientes datos deben constar en la petición de la analítica?**

a) Motivo de la solicitud.

b) Datos del paciente.

c) Datos del médico.

d) Todas son ciertas.

**17. Un paciente que ha tenido una ingesta de alcohol elevada presentará alteraciones en:**

a) PSA.

b) Lactatos.

c) CPK.

d) Cortisol.

**18. En una muestra de líquido sinovial la jeringuilla de extracción contendrá:**

a) EDTA.

b) Heparina sódica.

c) Citrato.

d) Todas son correctas.

**19. La punción capilar debe realizarse:**

a) En el pulpejo del dedo o en el lóbulo de la oreja.

b) En el talón del pie.

c) En la base de los dedos de la mano.

d) En cualquier zona accesible.

**20. Todas las muestras deben llevar un embalaje y etiquetado siguiendo los requisitos del ADR 2003 y presentar 3 elementos que son:**

a) Recipiente primario, secundario y terciario.

b) Trazabilidad, temperatura y tiempo.

c) Seguridad, estabilidad y seguimiento.

d) Todas son ciertas.

En MADTEST tienes **más preguntas de este tema**, y todos tus avances quedan registrados y se reflejan en el ranking.

**¡Supera tus límites con MADTEST!**

# Solución al test n.º 15

**1.** b) De exudado.

**2.** d) Todas son ciertas.

**3.** a) Dar toda la información por escrito, aunque se informe de manera oral).

**4.** d) Verde.

**5.** b) Desinfectar la zona.

**6.** d) EDTA.

**7.** b) Pinzaremos la sonda durante 15 minutos y luego obtendremos la muestra.

**8.** a) Fluoruro sódico.

**9.** d) No debe someterse a ninguna dieta específica.

**11.** b) Antes de la primera micción de la mañana.

**12.** b) En el espacio subaracnoideo.

**13.** c) 12 horas.

**14.** b) Tibia.

**15.** b) Saber durante todo el proceso la identificación y localización de la muestra.

**16.** d) Todas son ciertas.

**17.** b) Lactato.

**18.** b) Heparina sódica.

**19.** a) En el pulpejo del dedo o en el lóbulo de la oreja.

**20.** a) Recipiente primario, secundario y terciario (ver anexo).

**Fisiología del sistema eritrocitario: recuento y estudio diferencial de hematíes. Fórmulas manuales y tinciones. Anormalidades morfológicas eritrocitarias. Patologías del sistema eritrocitario: alteraciones funcionales, cuantitativas y cualitativas. Pruebas de laboratorio para el diagnóstico y seguimiento de estas patologías**

**1. La sangre se mantiene en continuo movimiento gracias a:**

a) El bombeo del corazón.
b) La retracción de las paredes de los vasos.
c) La fuerza de la gravedad.
d) Todas son ciertas.

**2. No es una función de la sangre:**

a) Inmunidad.
b) Hemostasia.
c) Homeostasia.
d) Eritropoyesis.

**3. En la etapa infantil el principal órgano hematopoyético es:**

a) El hígado.
b) El páncreas.
c) La médula ósea de todo el esqueleto.
d) El timo.

**4. ¿Cuál de los siguientes estimula el crecimiento, la adhesión y la viabilidad de las células progenitoras?**

a) Ligando FLT.
b) EPO.
c) Ligando kit.
d) IL17.

**5. En la determinación del hematocrito mediante el micrométodo se debe centrifugar el tubo a:**

a) 5.000 rpm.
b) 10.000 rpm.
c) 20.000 rpm.
d) 40.000 rpm.

**6. El VCM se expresa en:**

a) Mg.
b) mlo.
c) fl.
d) μ.

**7. ¿Cuál de las siguientes afirmaciones sobre el método del cubreobjetos es falsa?**

a) La distribución de los leucocitos es más homogénea.
b) La manipulación del cubreobjetos es más difícil que la de los portaobjetos.
c) La extensión es uniforme.
d) El recuento se realizará en el centro de la extensión.

**8. Una vez realizada la muestra de Wright deberemos tener cuidado de que no entre en contacto con:**

a) Oxígeno.
b) Luz solar.
c) Cetonas y ácidos.
d) Agua destilada.

**9. ¿Cuál de las siguientes afirmaciones sobre el eritroblasto ortocromático es cierta?**

a) Su tamaño oscila entre 17-22 μ.
b) Su citoplasma es basófilo por el alto contenido en hemoglobina.
c) La cromatina continúa intensamente condensada y en menor proporción.
d) Todas estas afirmaciones son ciertas.

**10. Podemos definir la eritropoyesis como:**

a) El conjunto de procesos que conducen a la formación y maduración de glóbulos rojos, hematíes o eritrocitos.
b) Conjunto de procesos que conducen a la destrucción de glóbulos rojos en mal estado.
c) Conjunto de procesos que conducen a la duplicación de hemoglobinas inestables.
d) Ninguna de las opciones anteriores es cierta.

**11. El método de la resistencia eléctrica para el recuento de hematíes también se conoce como:**

a) Método de la impedancia.
b) Método de la RIA.
c) Método de la dispersión lumínica.
d) Método del campo oscuro.

**12. Los hematíes esferoidales que presentan espículas de implantación estrecha y prolongaciones de tamaño y localización variable se denominan:**

a) Estomatocito.
b) Acantocito.
c) Dacriocito.
d) Ninguna de las anteriores.

**13. La coexistencia de hematíes de distinto tamaño dentro de una misma muestra se denomina:**

a) Megalocitosis.
b) Anisocitosis.
c) Microcitosis.
d) Normocitosis.

**14. Denominamos anisocromía a:**

a) La aparición simultánea de hematíes con coloración diferente.
b) La aparición en una misma muestra de hematíes de tamaño diferente.
c) La aparición en una misma muestra de eritrocitos de volumen diferente.
d) Todas son ciertas.

**15. ¿En qué momento del desarrollo de los eritrocitos comienza la producción de hemoglobina?**

a) Eritroblasto policromatófilo.
b) Reticulocito.
c) Eritrocito.
d) La hemoglobina no se forma en el eritrocito.

**16. Si realizamos una electroforesis en gel de Agar, el medio utilizado será:**

a) Ácido.
b) Básico.
c) Neutro.
d) No importa el medio.

**17. En la determinación de la carboxihemoglobina mediante la prueba de Katayama la prueba será positiva si:**

a) Aparece un anillo amarillo sobre el tubo.
b) Aparecen burbujas.
c) La muestra se torna roja o rosada.
d) La muestra se torna castaña.

**18. Entre los estudios de laboratorio que vamos a realizar a una paciente en la que sospechemos una talasemia está:**

a) Cuantificación de la HbF y HbA2.
b) Estudio de estabilidad.
c) Análisis del ADN.
d) Todas son ciertas.

**19. ¿Cuál de las siguientes es una anemia mormocítica y normocrómica?**

a) Hemólisis crónica.
b) Hepatopatías.
c) Anemia hemolítica.
d) Anemia ferropénica.

**20. El test de Schilling se utiliza para:**

a) Determinar los niveles de hierro presentes en el plasma.
b) Determinar el nivel de absorción de la vitamina $B_{12}$.
c) Determinar la supervivencia del hematíe.
d) Determinar el nivel de hemoglobina presente en una muestra.

En MADTEST tienes **más preguntas de este tema**, y todos tus avances quedan registrados y se reflejan en el ranking.

**¡Supera tus límites con MADTEST!**

# Solución al test n.º 16

**1.** d) Todas son ciertas.

**2.** d) Eritropoyesis.

**3.** c) La médula ósea de todo el esqueleto.

**4.** c) Ligando kit.

**5.** b) 10.000 rpm.

**6.** c) fl.

**7.** d) El recuento se realizará en el centro de la extensión.

**8.** c) Cetonas y ácidos.

**9.** c) La cromatina continúa intensamente condensada y en menor proporción.

**10.** a) El conjunto de procesos que conducen a la formación y maduración de glóbulos rojos, hematíes o eritrocitos.

**11.** a) Método de la impedancia.

**12.** b) Acantocito.

**13.** b) Anisocitosis.

**14.** a) La aparición simultánea de hematíes con coloración diferente.

**15.** a) Eritroblasto policromatófilo.

**16.** a) Ácido.

**17.** c) La muestra se torna roja o rosada.

**18.** d) Todas son ciertas.

**19.** c) Anemia hemolítica.

**20.** b) Determinar el nivel de absorción de la vitamina $B_{12}$.

**Fisiología del sistema leucocitario: recuento y estudio diferencial de leucocitos. Fórmulas manuales y tinciones. Anormalidades morfológicas leucocitarias. Patologías del sistema leucocitario: alteraciones funcionales, cuantitativas y cualitativas. Pruebas de laboratorio para el diagnóstico y seguimiento de estas patologías**

**1. Los granulocitos eosinófilos:**

a) Intervienen en el control de las infecciones parasitarias.
b) Intervienen en el control de reacciones anafilácticas.
c) Intervienen en el control de las infecciones víricas.
d) Las opciones a) y b) son ciertas.

**2. ¿Cuál de las siguientes afirmaciones sobre los monocitos es cierta?**

a) Pueden tomar formas diferentes.
b) Su tamaño oscila entre 14-20 µm.
c) Su citoplasma se tiñe de color azul-gris.
d) Todas estas afirmaciones son ciertas.

**3. ¿Cuál es la característica morfológica que nos permite diferenciar un linfocito T de uno B?**

a) El LB es redondeado y el LT es ovalado.
b) El LB presenta un núcleo con cromatina densa y el LT no presenta núcleo.
c) El LB presenta granulaciones azurófilas y el LT basófilas.
d) No existen diferencias morfológicas llamativas dificultando así su diferenciación.

**4. Siguiendo una clasificación dependiente de su morfología diremos que un leucocito puede ser:**

a) Linfocito.
b) Fagocito.

c) Mononuclear.
d) Redondeado.

**5. Las alteraciones de la ingestión de los leucocitos aparece principalmente por alteraciones en:**

a) La lisis bacteriana.
b) La opsonización del agente extraño.
c) El núcleo leucocitario.
d) Ninguna es cierta.

**6. La linfocitosis es un aumento del volumen circulante de linfocitos por encima de:**

a) $6 \times 10^9$ L.
b) $7.5 \times 10^9$/L.
c) $4.5 \times 10^9$/L.
d) Es una disminución del número por debajo de los $1.000$/mm³.

**7. Hablamos de leucopenia cuando el recuento total de leucocitos se encuentra:**

a) Por encima de los $4 \times 10^9$/L.
b) Entre $10 \times 10^9$/L y $40 \times 10^9$/L.
c) Por debajo de $4 \times 10^9$/L.
d) Esta palabra hace referencia al tamaño de los leucocitos, no a su número.

**8. No encontraremos una basofilia en:**

a) Anemias crónicas.
b) Hipertiroidismo.
c) Reacciones de hipersensibilidad.
d) Podemos encontrarlas en todos estos casos.

**9. La opsonización consiste en:**

a) El recubrimiento de las partículas a fagocitar por sustancias que posibilitan la ingestión de estas partículas.
b) La salida del torrente circulatorio.
c) La formación de pseudópodos que atraparán a los agentes.
d) Ninguna es cierta.

**10. El estudio del quimiotactismo en cobertura de agarosa se lleva a cabo en:**

a) 2 placas de petri.
b) 3 placas de petri.

c) 2 tubos de ensayo.
d) Tiras reactivas.

**11. ¿Qué tres pasos son básicos en los métodos citoquímicos para el estudio de los leucocitos?**

a) Fijación, incubación y estudio de la FAG.
b) Fijación de los hematíes, incubación y tinción de contraste.
c) Fijación de la extensión, incubación y tinción de contraste.
d) Ninguna de las anteriores es cierta.

**12. Si en el estudio de la MPO aparece actividad encontraremos:**

a) Un halo verdoso alrededor de las células.
b) Una zona puntiforme verdosa.
c) Un precipitado amarillo ocre.
d) Ninguna de las anteriores es cierta.

**13. ¿Cuál de los siguientes elementos no lleva el reactivo de fenol utilizado en la técnica del negro sudán?**

a) Etanol.
b) Negro sudán.
c) Fenol cristalizado.
d) Lleva todos estos elementos combinados en la debida proporción.

**14. Las pruebas de la quimioluminiscencia se basan en:**

a) La luz emitida como resultado de una reacción.
b) La luz absorbida por una muestra.
d) La emisión de átomos señalados.
d) Ninguna es cierta.

**15. En los métodos citoquímicos, para el estudio de leucocitos podemos usar fijadores que forman puentes proteicos para mantener la estructura como:**

a) Acetona.
b) Etanol.
c) Formaldehído.
d) Metanol.

**16. ¿Cuál de las siguientes es una forma clínica especial del mieloma múltiple?**

a) Mieloma solitario.
b) Mieloma no secretante.

c) Mieloma de Bence-Jones.
d) Todas son formas clínicas del MM.

### 17. Las leucemias agudas:

a) Se caracterizan por su instauración lenta.
b) Se caracterizan por la proliferación de células inmaduras.
c) Es la principal muerte en ancianos por causa neoplásica.
d) Todas son ciertas.

### 18. La leucemia aguda más frecuente en adultos es:

a) LLC.
b) LMC.
c) LLA.
d) LMA.

### 19. En el estudio bioquímico de una leucemia mielocítica crónica nos encontraremos:

a) Ácido úrico disminuido.
b) Una anemia moderada.
c) Un aumento de histamina.
d) Un aumento de la serie granulocítica.

### 20. En el estudio de los anticuerpos de la mononucleosis infecciosa podemos encontrar los anticuerpos heterófilos que:

a) Son IgM.
b) Se ponen de manifiesto con la reacción de Paul Bunnell Davidsohn.
c) Aparecen en las primeras dos semanas de la enfermedad.
d) Todas son ciertas.

En MADTEST tienes **más preguntas de este tema**, y todos tus avances quedan registrados y se reflejan en el ranking.

**¡Supera tus límites con MADTEST!**

# Solución al test n.º 17

**1.** d) Las opciones a) y b) son ciertas.

**2.** d) Todas estas afirmaciones son ciertas.

**3.** d) No existen diferencias morfológicas llamativas dificultando así su diferenciación.

**4.** c) Mononuclear.

**5.** b) La opsonización del agente extraño.

**6.** c) $4.5 \times 10^9$/L.

**7.** c) Por debajo de $4 \times 10^9$/L.

**8.** b) Hipertiroidismo.

**9.** a) El recubrimiento de las partículas a fagocitar por sustancias que posibilitan la ingestión de estas partículas.

**10.** a) 2 placas de petri.

**11.** c) Fijación de la extensión, incubación y tinción de contraste.

**12.** c) Un precipitado amarillo ocre.

**13.** b) Negro sudán.

**14.** a) La luz emitida como resultado de una reacción.

**15.** c) Formaldehído.

**16.** d) Todas son formas clínicas del MM.

**17.** b) Se caracterizan por la proliferación de células inmaduras.

**18.** d) LMA.

**19.** c) Un aumento de histamina.

**20.** d) Todas son ciertas.

**Fisiología del sistema plaquetario: recuento y estudio diferencial de plaquetas. Fórmulas manuales y tinciones. Anormalidades morfológicas plaquetarias. Patologías del sistema plaquetario: alteraciones funcionales, cuantitativas y cualitativas. Pruebas de laboratorio para el diagnóstico y seguimiento de estas patologías**

**1. Los gránulos α son:**

a) Gránulos escasos que presentan aminas y ATP.
b) Gránulos específicos de las plaquetas que contienen factores plaquetarios.
c) Gránulos secundarios presentes en los leucocitos que presentan enzimas de activación.
d) Ninguna de las anteriores es cierta.

**2. En el recuento de Fonio el frotis será teñido con:**

a) Giemsa.
b) May Grunwald.
c) Sudán negro.
d) EDTA.

**3. Podemos definir una trombocitosis como una disminución del recuento plaquetario inferior a:**

a) 3.000 / mm$^3$.
b) 400.000 /mm$^3$.
c) 150.000 / mm$^3$.
d) Ninguna de las anteriores.

**4. La parte de las plaquetas encargada de la adhesión se denomina:**

a) Membrana celular.
b) Glucocáliz.
c) Hialoplasma.
d) Ninguna de las anteriores.

**5. ¿Cuál de las siguientes afirmaciones sobre la estructura de las plaquetas es cierta?**

a) Se hallan rodeadas por una pared celular que se compone de una capa exterior o glucocáliz y la membrana celular.
b) La membrana celular presenta una disposición bilaminar con fosfolípidos y fructosa.
c) Su pared presenta multitud de ácidos directamente relacionados con la coagulación.
d) Todas son ciertas.

**6. ¿Cuál de los siguientes no es un error típico en el recuento plaquetario?**

a) Satelismo.
b) Agregación plaquetaria.
c) Superposición plaquetaria.
d) Todos son errores normales en el recuento.

**7. ¿Cuál de las siguientes afirmaciones sobre las plaquetas es cierta?**

a) Son pequeñas figuras redondeadas u ovoides.
b) Su volumen normal es de 140 – 400.000/mm$^3$
c) Su vida media es de 8 – 13 días.
d) Todas estas afirmaciones sobre las plaquetas son ciertas.

**8. El recuento de plaquetas se realiza en la cámara de:**

a) Petri.
b) Neubauer.
c) Thimerosal.
d) Se realiza en tubos de recuento.

**9. El recuento de fonio se considera indirecto porque:**

a) Las plaquetas se dan en función del número de hematíes encontrados.
b) Las plaquetas se cuentan por la sombra que forman en suspensión.
c) Las plaquetas no las contamos nosotros, las cuenta una máquina.
d) Ninguna de las anteriores es cierta.

**10. ¿Cuál de las siguientes no es una trombocitopatía adquirida?**

a) Anemia aplásica.
b) Defectos de agregación plaquetaria.
c) CID.
d) Leucemia aguda.

**11. ¿Cuál de las siguientes afirmaciones sobre la PTT es falsa?**

a) También se conoce como síndrome hemolítico urémico.
b) Si no se trata puede ser una enfermedad mortal.

c) La base de la enfermedad consiste en agregaciones de plaquetas que obstruyen la luz de los pequeños vasos originando isquemias a diferentes niveles.

d) También se conoce como enfermedad de Werlhof.

**12. La pared de las plaquetas presenta multitud de proteínas relacionadas directamente con la coagulación sanguínea; entre ellas no encontramos:**

a) FvW.
b) Complejo Ib-IX.
c) Complejo IIb – IIIa.
d) Complejo Ia – IIa.

**13. Los gránulos densos contienen:**

a) Serotonina.
b) Sodio.
c) Factores plaquetarios.
d) Todas son ciertas.

**14. Una trombocitopenia es un recuento plaquetario:**

a) Superior o $400.000/mm^3$.
b) Inferior a $400.000/mm^3$.
c) Superior a $150.000/mm^3$.
d) Inferior a $130.000/mm^3$.

**15. Para la determinación directa de las plaquetas punzaremos el pulpejo de un dedo, llenaremos la pipeta y lo añadiremos a la solución hemolizante que contiene:**

a) Agua destilada.
b) Thimerosal.
c) Oxalato amónico.
d) Todas son ciertas.

**16. Para diferenciar las plaquetas de las inclusiones de los eritrocitos buscaremos los bordes, los de las plaquetas aparecerán:**

a) Irregulares.
b) Con un halo blanco.
c) Lisos.
d) Teñidos de rojo.

**17. La Trombastenia de Glanzmann es:**

a) Un defecto de la agregación plaquetaria que se hereda de forma recesiva.
b) Una alteración en la maduración plaquetaria.

c) Una disminución del contenido plaquetario secundaria a alteraciones genéticas.
d) Ninguna es cierta.

**18. ¿Cuál de las siguientes enfermedades no se deben a defectos en la liberación plaquetaria?**

a) Síndrome de Bernard – Soulier.
b) Síndrome de las plaquetas grises.
c) Trombastenia de Glanzmann.
d) Todas se deben a defectos en la liberación plaquetaria.

**19. Los trastornos de la liberación del contenido de los gránulos se encuentran relacionados con la alteración del metabolismo del ácido:**

a) Clorhídrico.
b) Fólico.
c) Araquidónico.
d) Sulfúrico.

**20. La aspirina:**

a) Produce un efecto irreversible sobre la agregación de las plaquetas durante un tiempo determinado.
b) Produce una alteración en la secreción plaquetaria.
c) Provoca la agregación plaquetaria masiva durante las primeras horas tras su ingestión.
d) Ninguna es cierta.

En MADTEST tienes **más preguntas de este tema**, y todos tus avances quedan registrados y se reflejan en el ranking.

**¡Supera tus límites con MADTEST!**

# Solución al test n.º 18

**1.** b) Gránulos específicos de las plaquetas que contienen factores plaquetarios.

**2.** b) May Grunwald.

**3.** d) Ninguna de las anteriores.

**4.** b) Glucocáliz.

**5.** a) Se hallan rodeadas por una pared celular que se compone de una capa exterior o glucocáliz y la membrana celular.

**6.** d) Todos son errores normales en el recuento.

**7.** d) Todas estas afirmaciones sobre las plaquetas son ciertas.

**8.** b) Neubauer.

**9.** a) Las plaquetas se dan en función del número de hematíes encontrados.

**10.** b) Defectos de agregación plaquetaria.

**11.** d) También se conoce como enfermedad de Werlhof.

**12.** a) FvW.

**13.** a) Serotonina.

**14.** d) Inferior a 130.000/mm$^3$.

**15.** d) Todas son ciertas.

**16.** b) Con un halo blanco.

**17.** a) Un defecto de la agregación plaquetaria que se hereda de forma recesiva.

**18.** b) Síndrome de las plaquetas grises.

**19.** c) Araquidónico.

**20.** a) Produce un efecto irreversible sobre la agregación de las plaquetas durante un tiempo determinado.

# TEST N.º 19

**Fisiología y mecanismo de la coagulación. Métodos e instrumentos para el análisis de la formación y destrucción del coágulo. Alteraciones de la hemostasia. Pruebas de laboratorio para el diagnóstico y seguimiento de estas patologías**

**1. ¿Cuáles son las fases de la hemostasia?**

a) Hemostasia primaria, hemostasia secundaria y hemostasia terciaria.
b) Hemostasia primaria, coagulación y fibrinólisis.
c) Equimosis, coagulación y fibrinólisis.
d) Petequias, equimosis y telangiectasias.

**2. El fibrinógeno se encuentra:**

a) De forma mayoritaria en el plasma sanguíneo y en la superficie e interior de plaquetas.
b) Solo en el plasma sanguíneo.
c) En el suero.
d) En el interior de las plaquetas.

**3. ¿Cuál es la composición del complejo denominado protrombinasa que activa la protrombina?**

a) Factores Xa e iones de fósforo.
b) Factores V, VII y VIII.
c) Factores Xa, Va e iones de calcio.
d) Fibrinopéptido A y B.

**4. El factor IV de la coagulación es:**

a) El calcio iónico (Ca++).
b) Una glucoproteína conocida como proconvertina.
c) Una glucoproteína conocida como factor lábil.
d) Una lipoproteína.

**5. Clasificando los factores de la coagulación según su procedencia, podemos distinguir entre:**

a) Proteínas, lípidos y metálicos.
b) Titulares, plasmáticos, plaquetarios y hepáticos.
c) Plasmáticos, plaquetarios y renales.
d) Plasmáticos, hepáticos y renales.

**6. ¿Qué funciones cumple la fracción de Von Willebrand del factor de coagulación VIII?**

a) Activación del factor X y cofactor de la vía intrínseca.).
b) Activación del factor X y mantener los niveles de VIII - C.
c) Facilitar la agregación de los trombocitos, contribuir a la adhesión de las plaquetas en el endotelio vascular y activación del factor C.
d) Facilitar la agregación de los trombocitos, contribuir a la adhesión de las plaquetas en el endotelio vascular y mantener los niveles de VIII – C.

**7. El factor de coagulación de Stuart-Prower es activado en la vía extrínseca por los factores:**

a) IXa, VIII – Ca, Ca ++ y f3p.
b) VIIa, Ca ++ y TH.
c) IXa, Ca ++ y f3p.
d) Ca ++, fp3 y TH.

**8. ¿Cómo se conoce también al factor de Fitzgerald?**

a) Quinógeno de alto peso molecular.
b) Factor estabilizante de fibrina.
c) Precalicreína (PK).
d) Factor de Hageman.

**9. ¿Qué concentración de mg/l tiene el factor de coagulación V (proacelerina)?**

a) 100-150 mg/l.
b) 57.000 mg/l.
c) 330.000 mg/l.
d) 5-10 mg/l.

**10. Los encargados de la inhibición del factor de Fletcher son:**

a) A2 macroglobulina, a2 antiplasmina y C1 inhibidor.
b) ATIII, a2 macroglobulina y el C1 inhibidor.
c) A1 antitripsina, a2 antiplasmina y ATIII.
d) Factor IXa y XIIa.

**11. En el hígado se forman los factores de coagulación:**

a) I y II.
b) V y IX.
c) Fletcher y Stuart-Prower.
d) Todas son correctas.

**12. Señala cuál de los siguientes factores de inhibición son una vitamina K dependiente:**

a) A2 macroglobulina y a2 antiplasmina.
b) Proteína C y proteína S.
c) ATII y ATIII.
d) A1 antitripsina y C1 inhibidor.

**13. La vía intrínseca de la coagulación se inicia cuando:**

a) Se inicia cuando el factor XII se activa por las cargas negativas presentes en las superficies que se quedan al descubierto por la lesión.
b) Se inicia cuando el factor IX se activa por las cargas positivas presentes en las superficies que se quedan al descubierto por la lesión.
c) Se inicia cuando el factor tisular se libera por un traumatismo.
d) Se inicia cuando el factor FVII se libera por un traumatismo.

**14. La vía extrínseca de la coagulación se inicia cuando:**

a) Se inicia cuando el factor XII se activa por las cargas negativas presentes en las superficies que se quedan al descubierto por la lesión.
b) Se inicia cuando el factor IX se activa por las cargas positivas presentes en las superficies que se quedan al descubierto por la lesión.
c) Se inicia cuando el factor tisular se libera por un traumatismo.
d) Se inicia cuando el factor FVII se libera por un traumatismo.

**15. Si realizamos una prueba y los resultados son que hay prolongación del tiempo de tromboplastina parcial activada, pero el tiempo de protrombina normal, lo que implica un trastorno de la vía intrínseca, en un paciente sin antecedentes familiares ni personales de hemorragia podría tener:**

a) Déficit de FXII, déficit de precalicreína o déficit de cininógeno de elevado peso molecular.
b) Insuficiencia hepática, coagulación intravascular diseminada o deficiencia de vitamina K.
c) Déficit de FVIII, déficit de FIX o déficit de FXI.
d) La enfermedad de Von Willebrand.

**16. Si la retracción de un coágulo es normal, con plaquetas en número y calidad normal y liberando trombostenina en la cantidad adecuada, ¿cuándo se inicia y finaliza la retracción?**

a) Se inicia a los 5-10 minutos y finaliza a los 30.
b) Se inicia a los 35-40 minutos y finaliza a los 120.
c) Se inicia a los 10-15 minutos y finaliza a los 90.
d) Se inicia a los 15-20 minutos y finaliza a los 60.

**17. Si queremos añadir el activador en forma líquida en el estudio del tiempo de tromboplastina parcial activada en la coagulación será:**

a) Caolín.
b) Sílice.
c) Celite.
d) Ácido elágico.

**18. Si realizamos la prueba del tiempo de Stypven, ¿qué añadiremos en lugar de la tromboplastina?**

a) Veneno de una tarántula.
b) Veneno de la serpiente Russel.
c) Veneno de una serpiente cascabel.
d) INR.

**19. ¿Cuáles son los niveles de normalidad de los factores II, VIII y X?**

a) 30-70 U/dl.
b) 70-90 U/dl.
c) 80-120 U/dl.
d) 90-230 U/dl.

**20. Señala cuál de los siguientes no es un paso de la técnica de la determinación de los monómeros de fibrina:**

a) Colocar en un tubo 450 μl del plasma problema.
b) Añadir 50 μl de NaOH.
c) Añadir 150 μl de etanol diluido.
d) Añadir 200 μl de plasmina.

En MADTEST tienes **más preguntas de este tema**, y todos tus avances quedan registrados y se reflejan en el ranking.

**¡Supera tus límites con MADTEST!**

# Solución al test n.º 19

**1.** b) Hemostasia primaria, coagulación y fibrinólisis.

**2.** a) De forma mayoritaria en el plasma sanguíneo y en la superficie e interior de plaquetas.

**3.** c) Factores Xa, Va e iones de calcio.

**4.** a) El calcio iónico (Ca++).

**5.** b) Titulares, plasmáticos, plaquetarios y hepáticos.

**6.** d) Facilitar la agregación de los trombocitos, contribuir a la adhesión de la plaquetas en el endotelio vascular y mantener los niveles de VIII – C.

**7.** b) VIIa, Ca ++ y TH.

**8.** a) Quinógeno de alto peso molecular.

**9.** d) 5-10 mg/l.

**10.** a) A2 macroglobulina, a2 antiplasmina y C1 inhibidor.

**11.** d) Todas son correctas.

**12.** b) Proteína C y proteína S.

**13.** a) Se inicia cuando el factor XII se activa por las cargas negativas presentes en las superficies que se quedan al descubierto por la lesión.

**14.** c) Se inicia cuando el factor tisular se libera por un traumatismo.

**15.** a) Déficit de FXII, déficit de precalicreína o déficit de cininógeno de elevado peso molecular.

**16.** d) Se inicia a los 15-20 minutos y finaliza a los 60.

**17.** d) Ácido elágico.

**18.** b) Veneno de la serpiente Russel.

**19.** c) 80-120 U/dl.

**20.** d) Añadir 200 µl de plasmina.

# TEST N.º 20

**Antígenos y anticuerpos eritrocitarios, leucocitarios y plaquetarios. Sistema ABO, Sistema Rh y otros sistemas. Compatibilidad eritrocitaria entre donante y receptor. Técnicas de fraccionamiento, separación y conservación de hemoderivados**

**1. Los antígenos del sistema ABO están presentes en todos los tejidos excepto en:**

a) Dermis.
b) Útero.
c) Sistema nervioso central.
d) Ésta presente en todos estos tejidos.

**2. El antisuero B es de color:**

a) Amarillo.
b) Azul.
c) Rojo.
d) Verde.

**3. Los anticuerpos del sistema ABO suele ser en su mayoría:**

a) IgG.
b) IgA.
c) IgF.
d) IgE.

**4. La nomenclatura más usada para nombrar los antígenos del sistema Rh es la:**

a) Landsteiner.
b) Fisher.
c) Wiener.
d) Coombs.

**5. ¿Quién de los siguientes autores no ha dado ninguna teoría sobre la herencia genética del sistema Rh?**

a) Rosendfield.
b) Fisher.
c) Wiener.
d) Todos han dado teorías sobre la herencia genética.

**6. La teoría genética de Fisher es:**

a) Que solo se hereda un gen mosaico que llevara diferentes factores que determinaran que el individuo sea positivo o negativo.
b) Que se hereda tres genes diferentes de cada padre localizados en loci muy próximos y la unión de los seis dará lugar a la positividad o la negatividad del individuo.
c) Que se heredan dos genes básicos y tres complementarios de cada padre y la unión de los diez dará lugar a la positividad o la negatividad del individuo.
d) Ninguna es cierta.

**7. El antisuero A es de color:**

a) Amarillo.
b) Azul.
c) Rojo.
d) Verde.

**8. ¿Cuál de los siguientes sistemas corresponde a los antígenos leucocitarios?**

a) ABO.
b) Rh.
c) HLA.
d) Fisher.

**9. La determinación del grupo según el sistema ABO debe realizarse a una temperatura:**

a) 37 °C.
b) 10 °C.
c) 4 °C.
d) Ambiente.

**10. Los anticuerpos irregulares:**

a) Son anticuerpos que aparecen en cantidades muy pequeñas.
b) Son anticuerpos específicos del sistema Rh.
c) Son anticuerpos que sólo aparecen en las transfusiones sanguíneas.
d) Ninguna es cierta.

**11. El antígeno mayoritario del sistema Kell es:**

a) Jsa.
b) Kpb.
c) k.
d) K.

**12. El sistema P presenta:**

a) 10 antígenos.
b) 5 antígenos.
c) 2 antígenos.
d) 100 antígenos.

**13. Los antígenos del sistema secretor de ABH se localiza en:**

a) Las secreciones corporales.
b) Los tejidos.
c) Los eritrocitos.
d) Ninguna es cierta.

**14. El sistema Hh se relaciona íntimamente con el sistema:**

a) Rh.
b) I/i.
c) ABO.
d) Se/se.

**15. Los anticuerpos desarrollados por el sistema Kell, suelen ser del tipo:**

a) IgG.
b) IgA.
c) IgM.
d) IgF.

**16. ¿Cuál de los siguientes es uno de los principales antígenos del sistema Kell?**

a) K.
b) Js$^a$.
c) Kp$^a$.
d) Todas son ciertas.

**17. Se ha demostrado una relación directa entre el fenotipo nulo del sistema Duffy y:**

a) La resistencia al plasmodium vivax.
b) La resistencia al virus de la hepatitis B.

c) La anemia ferropénica.
d) Las alteraciones plaquetarias.

**18. El antígeno M del sistema MNSs presenta en la posición 5:**

a) Serina.
b) Leucina.
c) Glicina.
d) Ácido glutámico.

**19. El sistema Lewis se encuentra relacionado de forma directa con el gen:**

a) M.
b) N
c) H.
d) P.

**20. El fenotipo Bombay fue descrito por primera vez por:**

a) Bombay.
b) Bhende.
c) Landsteiner.
d) Ninguno de los anteriores.

En MADTEST tienes **más preguntas de este tema**, y todos tus avances quedan registrados y se reflejan en el ranking.

**¡Supera tus límites con MADTEST!**

# Solución al test n.º 20

**1.** d) Está presente en todos estos tejidos.

**2.** a) Amarillo.

**3.** a) IgG.

**4.** b) Fisher.

**5.** d) Todos han dado teorías sobre la herencia genética.

**6.** b) Que se hereda tres genes diferentes de cada padre localizados en loci muy próximos y la unión de los seis dará lugar a la positividad o la negatividad del individuo.

**7.** b) Azul.

**8.** c) HLA.

**9.** d) Ambiente.

**10.** a) Son anticuerpos que aparecen en cantidades muy pequeñas.

**11.** c) k.

**12.** b) 5 antígenos.

**13.** a) Las secreciones corporales.

**14.** c) ABO.

**15.** c) IgM.

**16.** a) K.

**17.** a) La resistencia al plasmodium vivax.

**18.** b) Leucina.

**19.** c) H.

**20.** b) Bhende.

**Sistema inmunitario. Reacción antígeno-anticuerpo y síntesis de anticuerpos. Sistema del complemento. Antígenos de histocompatibilidad. Mecanismos de la respuesta inmune. Patología del sistema inmunitario: Alergia, hipersensibilidad, inmunodeficiencia y enfermedades autoinmunes**

**1. ¿Qué inmunidad no requiere exposición previa al patógeno para que esta actúe?**

a) Inmunidad específica.
b) Inmunidad celular mediada por linfocitos.
c) Inmunidad humoral mediante anticuerpos.
d) Inmunidad innata.

**2. ¿Qué inmunidad adquirida es activa y artificial?**

a) Sueros o gammaglobulinas.
b) Mediante Ig G Transplacentaria (de madre a feto).
c) Vacunas.
d) Citoquinas.

**3. ¿Qué inmunoglobulina (Ig) es capaz de atravesar la placenta?**

a) Inmunoglobulina A.
b) Inmunoglobulina G.
c) Inmunoglobulina M.
d) Inmunoglobulina E.

**4. ¿Qué Ig participa en reacciones alérgicas?**

a) Inmunoglobulina D.
b) Inmunoglobulina G.
c) Inmunoglobulina M.
d) Inmunoglobulina E.

**5. ¿Qué tipos de Ig actúan en la citotoxicidad celular dependiente de anticuerpo?**

a) Inmunoglobulinas G, E, y A.
b) Inmunoglobulinas D, E, y A.
c) Inmunoglobulinas M, D, E, y A.
d) Inmunoglobulinas M y G.

**6. ¿Qué fuerzas no están implicadas en la unión Ag-Ac?**

a) Fuerzas electrostáticas.
b) Fuerzas producidas por los puentes de hidrógeno.
c) Fuerzas intranucleares fuertes.
d) Fuerzas de Van de Waals.

**7. El sistema complemento se denomina así porque *complementa* la respuesta inmunológica de:**

a) Los linfocitos.
b) Los macrófagos.
c) Los fagocitos.
d) Los anticuerpos.

**8. La mayoría de los componentes del complemento se sintetizan en:**

a) Los pulmones.
b) Los riñones.
c) El hígado.
d) El bazo.

**9. Al activarse un componente del sistema complemento se:**

a) Une a otro componente, para originar la reacción en cascada 2 a 2.
b) Rompe en dos fragmentos idénticos.
c) Rompe en dos fragmentos, uno grande (b) y otro pequeño (a).
d) Nada de lo anterior es cierto.

**10. ¿Cómo se denominan los anticuerpos Ig G que pueden unirse a los antígenos fijados a las partículas, pero no aglutinarlos, y que intervienen en el test de Coombs?**

a) Anticuerpos completos.
b) Anticuerpos incompletos.
c) Anticuerpos activos.
d) Anticuerpos inactivos.

**11. ¿Qué prueba de estas detecta anticuerpos no aglutinantes libres en el suero?**

a) Prueba de Coombs indirecta.
b) Prueba de Coombs directa.
c) Inhibición de la aglutinación.
d) Son ciertas las respuestas a) y b).

**12. El método de precipitación de Mancini es la técnica de:**

a) Inmunodifusión doble.
b) Electroinmunodifusión.
c) Inmunodifusión radial.
d) Inmunoelectroforesis.

**13. ¿Qué técnica de ELISA sirve para detectar antígenos grandes (virus de la hepatitis, gonococo…), y estos deben ser polivalentes, ya que se tienen que unir cada uno a dos moléculas de anticuerpos?**

a) Método indirecto.
b) Método Ferguson.
c) Método de unión competitiva.
d) Método sándwich.

**14. No es una enfermedad bacteriana diagnosticada por serología:**

a) Brucelosis.
b) Mononucleosis.
c) *Mycoplasma pneumoniae*.
d) Coxiella.

**15. ¿Qué se entiende por seroconversión?**

a) La aparición de anticuerpos en sangre.
b) El aumento en la concentración de anticuerpos específicos cuando comparamos dos muestras de suero en un paciente.
c) La sustitución de anticuerpos IgM por IgG.
d) Cualquier cambio del estado serológico del individuo.

**16. La técnica de aglutinación en látex para *Criptococcus neoformans*:**

a) Es una prueba únicamente cuantitativa.
b) Permite detectar el antígeno capsular polisacárico de *cryptococcus*.
c) Si existe aglutinación la prueba es negativa.
d) Todas son correctas.

**17. Cuando un individuo se pone en contacto con un antígeno, ¿qué ocurre?**

a) Aparición precoz de IgM.
b) Aparición precoz de IgG.
c) Aparición de anticuerpos en suero y del sistema del complemento.
d) Todas son correctas.

**18. La medida de resultado de una prueba serológica:**

a) Se realiza mediante Unidades Internacionales o Unidades arbitrarias.
b) Estas unidades se calculan comparando el valor obtenido con la muestra problema con la de un patrón o muestra calibradora realizadas simultáneamente.
c) El suero calibrador marca el límite entre los valores positivos (significativos en la clínica) y los resultados negativos de tal manera que los valores superiores al calibrador se consideran positivas y las inferiores al mismo negativas.
d) Todas son correctas.

**19. Las determinaciones de respuesta inmunológica específica frente a *M. pneumoniae* se realizan mediante la técnica de:**

a) RIA.
b) ELISA.
c) FC.
d) FRAt.

**20. Una de las siguientes no es una técnica serológica que se utilice para el estudio de *M. pneumoniae*:**

a) IF.
b) Aglutinación.
c) Electroforesis.
d) EIA.

En MADTEST tienes **más preguntas de este tema**, y todos tus avances quedan registrados y se reflejan en el ranking.

**¡Supera tus límites con MADTEST!**

# Solución al test n.º 21

**1.** d) Inmunidad innata.

**2.** c) Vacunas.

**3.** b) Inmunoglobulina G.

**4.** d) Inmunoglobulina E.

**5.** a) Inmunoglobulinas G, E, y A.

**6.** c) Fuerzas intranucleares fuertes.

**7.** d) Los anticuerpos.

**8.** c) El hígado.

**9.** c) Rompe en dos fragmentos, uno grande (b) y otro pequeño (a).

**10.** b) Anticuerpos incompletos.

**11.** a) Prueba de Coombs indirecta.

**12.** c) Inmunodifusión radial.

**13.** d) Método sándwich.

**14.** b) Mononucleosis.

**15.** b) El aumento en la concentración de anticuerpos específicos cuando comparamos dos muestras de suero en un paciente.

**16.** b) Permite detectar el antígeno capsular polisacárico de *cryptococcus*.

**17.** a) Aparición precoz de IgM.

**18.** d) Todas son correctas.

**19.** c) FC.

**20.** c) Electroforesis.

**Microbiología clínica: características diferenciales de bacterias, hongos, parásitos y virus. Características y clasificación de los medios de cultivo para crecimiento y aislamiento. Técnicas de inoculación, aislamiento y recuentos bacterianos. Técnicas de observación. Tipos de tinciones. Hemocultivos, incubación y sistemas automáticos**

**1. El tamaño del ribosoma en una célula eucariota es de:**

a) 50 S.
b) 80 S.
c) 70 S.
d) 60 S.

**2. Sobre los virus es cierto que:**

a) Son partículas de ácidos nucleicos ADN o ARN.
b) Se multiplican dentro de las células vivas.
c) Se denomina virión a la partícula vírica morfológicamente completa e infecciosa.
d) Todas son correctas.

**3. El agar sangre es utilizado:**

a) Para el crecimiento de bacterias poco exigentes.
b) Para el crecimiento de bacterias más exigentes, sobre todo estreptococos.
c) Para el crecimiento de *Haemophilus*.
d) Para bacterias Gram + y Gram – de las vías urinarias.

**4. Uno de los enunciados es incorrecto sobre el medio agar Mueller-Hinton:**

a) Es un medio de cultivo recomendado universalmente para la realización de la prueba de sensibilidad a los antimicrobianos.
b) Es un medio de cultivo nutritivo y selectivo.
c) Puede ser sólido o líquido.
d) Fue desarrollado por John Howard Müeller.

**5. El vertido de placas se debe realizar cuando el medio de cultivo se encuentre a una temperatura próxima a la gelificación:**

a) 65-75 ºC.
b) 45-55 ºC.
c) 85-95 ºC.
d) 25-35 ºC.

**6. La siembra en un medio de cultivo líquido a partir de un cultivo sólido se debe realizar:**

a) En condiciones de antisepsia.
b) En condiciones de asepsia.
c) En condiciones de sepsia.
d) En condiciones desinfectantes.

**7. Es correcto señalar sobre la "siembra en superficie":**

a) Se deposita en la superficie de las placas que ya contienen el medio de cultivo, 0,1 ml de cada dilución.
b) Se realiza duplicado para cada dilución.
c) Se puede emplear la misma pipeta para todas las diluciones si se comienza por la más diluida.
d) Todas son correctas.

**8. La tecnología MALDI-TOF para la identificación de microorganismos es:**

a) Espectrofotometría de absorción atómica.
b) Quimioluminiscencia.
c) Citometría de flujo.
d) Espectrometría de masas.

**9. El medio de cultivo más utilizado para Bordetella es:**

a) Agar de Bordet-Gengou.
b) Agar sangre.
c) Agar Chapman.
d) Las respuestas a) y b) son correctas.

**10. La infección del parénquima renal se denomina:**

a) Cistitis.
b) Piuria.
c) Pielonefritis.
d) Nefritis.

**11. Para un urocultivo utilizamos como medio de cultivo:**

a) Agar sangre.
b) Agar MacConkey.
c) Agar CLED.
d) Todas son correctas.

**12. La identificación por métodos genotípicos tienen:**

a) Baja especificidad y es muy sensible.
b) Alta especificidad y es poco sensible.
c) Baja especificidad y es poco sensible.
d) Alta especificidad y es muy sensible.

**13. ¿Qué prueba enzimática se utiliza para identificar cocos gram positivos como _S. pyogenes_ y especies de _Enterococcus_? Prueba:**

a) PYR.
b) Del indol.
c) De la ureasa.
d) De la transferasa.

**14. Para la detección de los productos finales de las diferentes vías metabólicas No se utiliza como método:**

a) Enzimología.
b) Colorimetría.
c) Turbidez.
d) Fluorescencia.

**15. Cuando se realiza la tinción de Gram el Técnico/a debe saber que primerio se extiende la muestra en el portaobjetos dejándola secar a temperatura ambiente, después se fija con calor y metanol, y después se deja cubrir la extensión con:**

a) Lugol 5-10 minutos.
b) Violeta de genciana 1 minuto.
c) Alcohol-Acetona 15-20 segundos.
d) Fucsina o safranina diluida 1-3 minutos.

**16. ¿Cómo se denomina a la propiedad física de algunas bacterias a la resistencia a la decoloración de la fucsina básica (rojo) la cual penetra en la célula por acción del fenol y calor?**

a) Mordiente.
b) Policromasia.

c) Ortocromasia

d) Ácido alcohol resistencia.

**17. ¿A qué temperatura se realiza la tinción de auramina-rodamina?**

a) Temperatura ambiente.

b) 37 ºC.

c) 4 ºC.

d) Las opciones a) y b) son correctas.

**18. Es un criterio de rechazo de un hemocultivo:**

a) Frasco contaminado.

b) frasco muy dañado.

c) Dudas en la identificación.

d) Todas son criterios de rechazo.

**19. Si el hemocultivo da resultado positivo:**

a) Se extraerá una muestra de todos los frascos con signos de crecimiento mediante jeringa y aguja siguiendo el procedimiento y las precauciones normalizadas, generalmente se extrae mediante aspirado con una jeringa de 3 a 5 ml del caldo del hemocultivo en condiciones asépticas.

b) De dicha muestra se realizará una extensión en un porta bien limpio, previamente rotulado con el número del hemocultivo, para efectuar una tinción de Gram.

c) Se realiza subcultivo, independientemente del resultado del examen del Gram, en agar sangre, agar chocolate y agar sangre enriquecida que se incubarán en aerobios, 5-10 % de $CO_2$ y anaerobia, respectivamente

d) Todas son correctas.

**20. Los métodos cuantitativos de hemocultivos:**

a) Permiten establecer el número de bacterias por ml de sangre cultivada.

b) La técnica que se sigue es la descrita por Müeller.

c) Consiste en preparar placas de agar sangre mediante la mezcla de una muestra obtenida del paciente y agar nutriente.

d) Todas son correctas.

En MADTEST tienes **más preguntas de este tema**, y todos tus avances quedan registrados y se reflejan en el ranking.

**¡Supera tus límites con MADTEST!**

# Solución al test n.º 22

**1.** b) 80 S.

**2.** d) Todas son correctas.

**3.** b) Para el crecimiento de bacterias más exigentes, sobre todo estreptococos.

**4.** c) Es un medio de cultivo nutritivo y selectivo.

**5.** b) 45-55 ºC.

**6.** b) En condiciones de asepsia.

**7.** d) Todas son correctas.

**8.** d) Espectrometría de masas.

**9.** a) Agar de Bordet-Gengou.

**10.** c) Pielonefritis.

**11.** d) Todas son correctas.

**12.** d) Alta especificidad y es muy sensible.

**13.** a) PYR.

**14.** a) Enzimología.

**15.** b) Violeta de genciana 1 minuto.

**16.** d) Ácido alcohol resistencia.

**17.** d) Las opciones a) y b) correctas.

**18.** d) Todas son criterios de rechazo.

**19.** d) Toda son correctas.

**20.** d) Todas son correctas.

# TEST N.º 23

**Características de los microorganismos implicados en procesos infecciosos: Cocos y bacilos gram positivos y gram negativos. Pruebas de sensibilidad a los antibióticos: tipos e interpretación. Concepto de resistencia bacteriana**

**1. Dentro de los medios selectivos diferenciales para los estafilococos utilizamos:**

a) Agar sangre.
b) Trayer-Martin.
c) Agar yema de huevo.
d) Agar manitol salado.

**2. La clasificación de los estreptococos se basan en:**

a) Su carácter hemolítico.
b) Su estructura antigénica.
c) Su morfología.
d) Las respuestas a) y b) son correctas.

**3. *S. Pyogenes* produce:**

a) Faringitis.
b) Fiebres reumáticas.
c) Glomerulonefritis.
d) Todas son ciertas.

**4. Para diferenciar el *Streptcoccus pyogenes* de un enterococo se realiza la prueba de la bilis esculina:**

a) Es positiva para enterococos.
b) Es positiva para el estreptococo.
c) Es negativa para enterococos.
d) Es positiva para *S. pyogenes*.

**5. El *Clostridium perfringens* produce:**

a) El tétanos.
b) El botulismo.
c) La gangrena.
d) La tos ferina.

**6. Los *Clostridium* son anaerobios obligados por eso se realiza una siembra rápida utilizándose normalmente:**

a) Agar Sabouraud.
b) Agar yema de huevo.
c) Agar chocolate enriquecido.
d) Agar MacConkey.

**7. Para identificar la toxina botulínica actualmente se utiliza:**

a) Nefelometría.
b) ELISA.
c) Cromatografía.
d) Espectrofotometría.

**8. Nocardia:**

a) Es una bacteria gram positiva que se encuentra en los suelos.
b) Son catalasa positivas y con forma de bacilos filamentosos.
c) Es acidorresistente.
d) Todas son correctas.

**9. Si se produce una septicemia por gonococos (gonococemia) NO es necesario realizar para la confirmación del diagnóstico:**

a) Rash cutáneo.
b) Hemocultivo.
c) Extracción líquido cefalorraquídeo.
d) Biopsias de las lesiones cutáneas.

**10. *N. meningitidis* puede:**

a) Provocar neumonías.
b) Provocar poliartritis.
c) Producir endocarditis.
d) Todas son correctas.

**11. El diagnóstico precoz de la meningitis consiste en:**

a) Tratamiento con antibióticos.
b) Serología (aglutinación con látex).
c) Pruebas bioquímicas para la identificación del meningococo.
d) Pruebas tintoriales.

**12. El sobrenadante del LCR de un paciente sospechoso de meningococo se utiliza para:**

a) Detección de antígenos capsulares.
b) Siembra en medios de cultivo adecuados como agar chocolate.
c) Pruebas de identificación bioquímicas.
d) Todas las respuestas anteriores son correctas.

**13. La disentería bacilar la produce:**

a) *Salmonella*.
b) *Shigella*.
c) *E. Coli*.
d) *Yersinia*.

**14. El género *Serratia*:**

a) Produce la misma gama de infecciones oportunistas que el resto de enterobacterias.
b) Presentan gran virulencia.
c) Presentan gran resistencia a antibióticos.
d) Todas son correctas.

**15. No es un factor de riesgo para padecer Legionella:**

a) Ser fumador.
b) Presentar inumunocompetencia.
c) Enfermos tratados con glucocorticoides.
d) Ser portador del VIH.

**16. *Campylobacter* es:**

a) Bacilo microaerófilo.
b) Una bacteria que produce gastroenteritis, con diarreas sanguinolenta.
c) Son Gram negativo.
d) Todas son correctas.

**17. La anfotericina B pertenece al grupo antimicrobiano de los:**

a) Aminoglucósidos.
b) Polienos.

c) Macrólidos.
d) Tetraciclinas.

**18. Son métodos antimicrobianos para gérmenes aerobios:**

a) Método de dilución en caldo.
b) Método por dilución en medio sólido.
c) Antibiograma por difusión en agar.
d) Todos son métodos para gérmenes aerobios.

**19. ¿Qué método de sensibilidad de los agentes antimicrobianos para gérmenes aerobios es el más corriente de uso (prácticamente rutinario) debido a su sencillez?**

a) Dilución en caldo.
b) Antibiograma por dilución en medio sólido.
c) Antibiograma por difusión en agar.
d) Caldo infusión cerebro corazón.

**20. ¿Qué otro antibiótico pertenece al mismo grupo o familia que la nistatina?**

a) Anfotericina B.
b) Eritromicina.
c) Estreptomicina.
d) Carbomicina.

En MADTEST tienes **más preguntas de este tema**, y todos tus avances quedan registrados y se reflejan en el ranking.

**¡Supera tus límites con MADTEST!**

# Solución al test n.º 23

**1.** d) Agar manitol salado.

**2.** d) Las respuestas a) y b) son correctas.

**3.** d) Todas son ciertas.

**4.** a) Es positiva para enterococos.

**5.** c) La gangrena.

**6.** b) Agar yema de huevo.

**7.** b ELISA.

**8.** d) Todas son correctas.

**9.** c) Extracción líquido cefalorraquídeo.

**10.** d) Todas son correctas.

**11.** b) Serología (aglutinación con látex).

**12.** a) Detección de antígenos capsulares.

**13.** b) *Shigella*.

**14.** d) Todas son correctas.

**15.** b) Presentan inmunocompetencia.

**16.** d) Todas son correctas.

**17.** b) Polienos.

**18.** d) Todos son métodos para gérmenes aerobios.

**19.** c) Antibiograma por difusión en agar.

**20.** a) Anfotericina B.

**Micobacterias: medios de cultivo e identificación.
Patología y tipos de infecciones provocadas por las micobacterias.
Pruebas de laboratorio**

**1. *M. avium* y *M. intracellulare*:**

a) Tienen similares características de crecimiento y de comportamiento, lo que hacen difícil su diferenciación.
b) Se informan en el laboratorio como MAC.
c) Están presentes en cualquier tipo de ambiente.
d) Todas son correctas.

**2. ¿Cuál es la muestra más frecuente para el estudio de micobacterias?**

a) Orina.
b) Líquido pleural.
c) Esputo.
d) Sangre.

**3. ¿Cuál es el agente descontaminante más empleado para las muestras no estériles de micobacterias?**

a) N-acetil L-cisteína.
b) Mucolíticos.
c) Peróxido de Acetil.
d) Hidróxido sódico.

**4. En relación a la identificación de las micobacterias y su sensibilidad a los fármacos antituberculosos, señale la respuesta correcta:**

a) El test de niacina es útil para diferenciar *Mycobacterium tuberculosis* de *Mycobacterium bovis*, pues produce más cantidad que el resto de especies.
b) El antibiograma de micobacterias no está indicado si, tras la negativización del esputo, el paciente comienza a tener de nuevo muestras positivas.

c) La aparición de cepas resistentes es espontánea y no se relaciona con el contacto previo con el antibiótico.

d) De los métodos válidos para antibiograma en tuberculosis el de las concentraciones críticas es el que menos falsos resultados proporciona, ya que soslaya las variaciones en el inóculo.

**5. ¿Cuál de los siguientes microorganismos es Ziehl-Neelsen positivo?**

a) *S. aureus.*
b) *M. tuberculosis.*
c) *N. gonorrhoeae.*
d) *E. coli.*

**6. En la tinción Kinyoun las micobacterias aparecen teñidas de color:**

a) Rojo.
b) Violeta.
c) Azul.
d) Amarillo.

**7. El hallazgo de BAAR en un frotis (señala lo incorrecto):**

a) Es un diagnostico definitivo de tuberculosis.
b) Puede deberse por el seguimiento del paciente que está siendo tratado con antibuculosos.
c) Confirman que los aislamientos que se han obtenido en el cultivo son acido alcohol resistentes.
d) Es un diagnostico de presunción de la tuberculosis.

**8. *Mycobacterium tuberculosis* se caracteriza por:**

a) Dar positivo en la prueba del Mantoux.
b) Ser ácido alcohol resistente.
c) Presentar en su pared ácidos micólicos.
d) Todas son correctas.

**9. Las muestras tomadas de sitios contaminados se deben descontaminar antes de su inoculación en el medio y a aislamiento de las micobacterias, señala cuál es un protocolo de descontaminación usado en los laboratorios de micobacterias:**

a) Método Petroff.
b) Método Kubica-Kransow.
c) Método Tacquet y Tison.
d) Todas son correctas.

**10. ¿Qué medio de cultivo líquido se utiliza en sistemas automatizados BACTEC?**

a) Löwenstein.
b) Jensen.
c) MGIT.
d) Agua peptona.

**11. Las técnicas que se basan en la detección del interferón gamma (IGRA):**

a) No son fáciles de estandarizar ni de aplicar en el laboratorio.
b) No evita la subjetividad de la interpretación en la lectura del resultado.
c) No incorpora controles positivos, por lo que evitamos errores de lectura.
d) Son técnicas de laboratorio que se basan en la detección en sangre de una citocina (interferón gamma) que se libera como respuesta a la estimulación in vitro de las células T sensibilizadas con antígenos específicos de M. tuberculosis.

**12. De las siguientes muestras biológicas cuál no necesita descontaminación previa al cultivo para micobacterias:**

a) Esputo.
b) Líquido cefalorraquídeo.
c) Aspirado gástrico.
d) Orina.

**13. La lepra o enfermedad de Hansen está producida por:**

a) *Mycoplasma leprae.*
b) *Micobacteria leprae.*
c) *Treponema leprae.*
d) Ninguna es cierta.

**14. Las espiroquetas:**

a) Son bacilos con forma helicoidal.
b) Todos son móviles.
c) Comprende los subgéneros, Leptospira, Borrelia y Treponema.
d) Todas son correctas.

**15. La fiebre recurrente está producida por:**

a) *Treponema recurrentis.*
b) *Borrelia recurrentis.*
c) *Lepstospira recurrentis.*
d) Todas falsas.

**16. Señala la respuesta incorrecta en relación con la infección producida por** *B. burgdorferi:*

a) Se transmite por la picadura de un piojo.
b) Se cultiva en el medio Kelly.
c) Se realiza diagnóstico serológico.
d) Produce la Enfermedad de Lyme.

**17. Los Mycoplasmas se caracterizan por:**

a) Poseer ácidos micólicos en su pared.
b) Por no poseer pared celular.
c) Se tiñen con tinción diferencial de Gram.
d) Ser parásitos intracelulares.

**18. Las Rickettsias son parásitos celulares obligados y dentro de la célula presentan formas muy pequeñas, cocoides u ovaladas. Respecto a ellas, señala la respuesta correcta:**

a) Se colorean con Giemsa o por fluorescencia.
b) Son aerobias obligadas.
c) Se mantienen en cultivos celulares.
d) Todas son ciertas.

**19. El tifus exantemático está producido por:**

a) Una enterobacteria.
b) Una clamidia.
c) Un micoplasma.
d) Una rikettsia.

**20. ¿Cuál es la técnica serológica que se utiliza para el seguimiento de la sífilis y pertenecen a las pruebas no treponemica?**

a) VDRL y/o RPR.
b) FTA-ABS.
c) Test de Coombs.
d) Hemaglutinación.

En MADTEST tienes **más preguntas de este tema**, y todos tus avances quedan registrados y se reflejan en el ranking.

**¡Supera tus límites con MADTEST!**

# Solución al test n.º 24

**1.** d) Todas son correctas.

**2.** c) Esputo.

**3.** d) Hidróxido sódico.

**4.** a) El test de niacina es útil para diferenciar *Mycobacterium tuberculosis* de *Mycobacterium bovis*, pues produce más cantidad que el resto de especies.

**5.** b) *M. tuberculosis*.

**6.** c) Rojo.

**7.** a) Es un diagnostico definitivo de la tuberculosis.

**8.** d) Todas son correctas.

**9.** d) Todas son correctas.

**10.** c) MGIT.

**11.** d) Son técnicas de laboratorio que se basan en la detección en sangre de una citocina (interferón gamma) que se libera como respuesta a la estimulación in vitro de las células T sensibilizadas con antígenos específicos de *M. tuberculosis*.

**12.** b) Liquido cefalorraquídeo.

**13.** b) *Micobacteria leprae*.

**14.** d) Todas son correctas.

**15.** b) Borrelia recurrentes.

**16.** a) Se transmite por la picadura de un piojo.

**17.** b) Por no poseer pared celular.

**18.** d) Todas son ciertas.

**19.** d) Una rikettsia.

**20.** a) VDRL o RPR.

**Micología: clasificación, medios de cultivo adecuados
para el aislamiento y examen de los hongos.
Diagnóstico micológico en el laboratorio. Micosis**

### 1. Los hongos son:

a) Organismos procariotas autótrofos.
h) Organismos eucariotas heterótrofos.
c) Organismos eucariotas autótrofos.
d) Organismos procariotas heterótrofos.

### 2. El micelio es típico de:

a) Artrópodos.
b) Parásitos.
c) Hongos.
d) Esporas.

### 3. ¿Cuál de las siguientes afirmaciones es correcta?

a) Las levaduras son seres pluricelulares.
b) Las levaduras se reproducen por gemación.
c) Los mohos son unicelulares.
d) Las hifas de las levaduras son sin tabicar.

### 4. La membrana externa de las esporas de los hongos se denomina:

a) Endosporia.
b) Exosporangio.
c) Exosporia.
d) Endosporangio.

### 5. Los hongos tienen escasas necesidades nutricionales por lo que pueden crecer fácilmente:

a) El lugar más frecuente es el suelo.
b) Su temperatura oscila entre 10-50 ºC.

c) Su pH varía entre 4,5 y 8 y se ven favorecidos por cierto grado de humedad.

d) Todas son ciertas.

### 6. No es un mecanismo de reproducción de los hongos:

a) Reproducción asexuada.

b) Reproducción cromosómica.

c) Reproducción sexuada.

d) Reproducción parasexuada.

### 7. La zigospora:

a) Es una espora asexual de los hongos.

b) Se producen por la fusión de dos gametos similares que se encuentran en el extremo de las hifas.

c) Posteriormente a la zigospora se origina la fecundación.

d) Todas son correctas.

### 8. ¿Qué forma de reproducción de hongos consiste en la unión de varias hifas pero sin existir una fusión nuclear, dando unas estructuras con núcleos haploides?

a) Parasexuada.

b) Asexuada.

c) Sexuada.

d) Polisexuada.

### 9. En el grupo *Ascomycotina* se encuentra el hongo:

a) *Penicilium*.

b) *Microsporum*.

c) *Histoplasma*.

d) Todos los anteriores pertenecen al grupo *Ascomycotina*.

### 10. Dentro de las muestras más habituales para el estudio de hongos, encontramos las de las secreciones respiratorias. Señala cuál sería el protocolo de actuación correcto:

a) Hay que intentar sembrar la mayor cantidad posible de inóculo, en medios con antibacterianos y antimicóticos.

b) La muestra se filtrará y se centrifugará.

c) Se sembrará en medio que contenga antibacterianos.

d) Se inoculará directamente en el medio.

### 11. Es un medio de cultivo empleado para un aislamiento primario de hongos:

a) Agar cerebro-corazón con antibióticos.

b) Agar extracto levadura.

c) Agar mycosel.
d) Todos son medios de cultivos empleados en aislamiento primario de hongos.

**12. La tinta china se utiliza para poner de manifiesto:**

a) Las hifas de los hongos.
b) La gemación de *Candida*.
c) La cápsula de Criptococo.
d) Las esporas de *Aspergillus*.

**13. Existen varios métodos de identificación de levaduras, pero uno de ellos es el que más se utiliza, debido a que proporciona la identificación definitiva:**

a) Prueba del tubo germinativo.
b) Morfología en agar harina de maíz.
c) Utilización de los carbohidratos.
d) Detección del fenol oxidasa.

**14. ¿Qué antifúngico deriva de *Streptomyces noursei*?**

a) Anfotericina.
b) Eritromicina.
c) Nistatina.
d) Penicilina.

**15. El agar Sabouraud es un medio adecuado para el crecimiento de:**

a) Levaduras.
b) Cocos Gram +.
c) Enterobacteriaceas.
d) Selectivo para *Salmonella* y *Shigella*.

**16. La tiña negra está producida por:**

a) *Hortaea werneckii*.
b) *Malassezia furfur*.
c) *Sporothrix schenckii*.
d) Todas falsas.

**17. La piedra blanca afecta al/a la:**

a) Cuero cabelludo.
b) Bigote.
c) Barba.
d) Todas son correctas.

**18. El diagnóstico de laboratorio de las micosis cutáneas:**

a) Se basan en la visualización del hongo en las muestra clínicas extraídas por la lesión.
b) Se debe confirmar por cultivo.
c) Los raspados de la piel, y de las uñas, o el cabello extraído de las áreas sospechosas se estudian al microscopio.
d) Todas con correctas.

**19. Si hablamos de una Blastomicosis estamos hablando de una micosis:**

a) Sistémica.
b) Oportunista.
c) Subcutánea.
d) Cutánea.

**20. En la actualidad existen pruebas comercializadas para la detención de antígenos polisacaridos de:**

a) *Cryptococcus neoformans*.
b) *Candida albicans*.
c) *Aspergillus*.
d) *Coccidios*.

En MADTEST tienes **más preguntas de este tema**, y todos tus avances quedan registrados y se reflejan en el ranking.

**¡Supera tus límites con MADTEST!**

# Solución al test n.º 25

**1.** b) Organismos eucariotas heterótrofos.

**2.** c) Hongos.

**3.** b) Las levaduras se reproducen por gemación.

**4.** c) Exosporia.

**5.** d) Todas son ciertas.

**6.** b) Reproducción cromosómica.

**7.** b) Se producen por la fusión de dos gametos similares que se encuentran en el extremo de las hifas.

**8.** a) Parasexuada.

**9.** d) Todos los anteriores pertenecen al grupo *Ascomycotina*.

**10.** a) Hay que intentar sembrar la mayor cantidad posible de inóculo, en medios con antibacterianos y antimicóticos.

**11.** d) Todos son medios de cultivos empleados en aislamiento primario de hongos.

**12.** c) La cápsula de Criptococo.

**13.** c) Utilización de los carbohidratos.

**14.** c) Nistatina.

**15.** a) Levaduras.

**16.** a) *Hortoea werneckii*.

**17.** d) Todas son correctas.

**18.** d) Todas son correctas.

**19.** b) Oportunista.

**20.** a) *Cryptococcus neoformans.*

**Parasitología: clasificación, métodos de estudio e identificación. Parasitosis**

**1. De las siguientes afirmaciones acerca de *Giargia lamblia*, ¿cuál es falsa?**

a) Se transmiten por vía fecal oral.
b) El diagnóstico es sencillo pues basta con el análisis de solo muestra de heces.
c) La infección comienza por la ingesta de quistes.
d) Es raro encontrar trofozoítos en heces formes.

**2. En una mujer infectada por *Trichomonas vaginalis*, ¿cuál es la muestra de elección?**

a) Saliva.
b) Líquido cefalorraquídeo.
c) Exudado vaginal.
d) Sangre.

**3. *Balantidium coli* es:**

a) Flagelado.
b) Ameba.
c) Ciliado.
d) Coccidio.

**4. El paludismo produce:**

a) Anemia nacracitaria.
b) Anemia hemolítica.
c) Anemia ferropénica.
d) Cáncer.

**5. Las *leishmaniosis* se transmiten:**

a) De persona a persona.
b) Por mosquitos.

c) Por ácaros.

d) Mediante vía sexual.

**6. El diagnóstico de casi todas las parasitosis intestinales por nematodos depende de:**

a) El coprocultivo.

b) El aspecto de las heces.

c) El hallazgo de los huevos en heces.

d) El hallazgo del organismo en las heces.

**7. *Fasciola hepatica* es:**

a) Nematodo.

b) Trematodo.

c) Cestodo.

d) Oxiuro.

**8. *Echinococcus granulosus* produce:**

a) La cisticercosis.

b) El quiste hidatídico.

c) La toxocariosis.

d) Una pandemia.

**9. La larva *migrans visceral* está producida por la ingestión de huevos de:**

a) *T. saginata*.

b) *Necator americans*.

c) *Toxocara canis*.

d) *Oxiuros*.

**10. La forma de resistencia de los protozoos recibe el nombre de:**

a) Trofozoíto.

b) Larva.

c) Esquizonte.

d) Quiste.

**11. Señala lo correcto respecto a los anquilostomas:**

a) Son cestodos.

b) La infección humana se conoce como triquinosis.

c) El hábitat del adulto es el intestino delgado (duodeno).

d) Infecta a mamíferos marinos y a peces.

## 12. Cuando hablamos de paludismo es lo mismo que:

a) Leishmaniosis humana.
b) Enfermedad del sueño.
c) Malaria.
d) Enfermedad de Chagas.

## 13. ¿Cuál es el agente causal de los quistes hidatídicos?

a) *Toxoplasma gondii*.
b) *Entamoeba histolítica*.
c) *Echinococcus granulosus*.
d) *Enterobius vermicularis*.

## 14. Las muestras de identificación de parásitos se deben conservar en:

a) Solución de formol al 5-10 %.
b) Alcohol polivinílico.
c) Acetato de sodio formol.
d) En todo lo anterior se pueden conservar.

## 15. ¿Cómo es denominado el estudio de los huevos de *Enterobius vermicularis*?

a) Enterotest.
b) Test de Graham.
c) Estudio de platelmintos.
d) Del celofán.

## 16. El *Toxoplasma gondii*:

a) Es un protozoo parásito intracelular obligado, produce transmisión transplacentaria, pudiendo producir infección al feto.
b) Es una bacteria caracterizada por carecer de pared celular.
c) Produce infecciones respiratorias en vías altas y bajas.
d) Es el único huésped natural del virus de las paperas en el hombre.

## 17. ¿Cuál de estos cestodos tiene como hospedador intermedio el cerdo?

a) *Taenia saginata*.
b) *Diphyllobothrium latum*.
c) *Taenia solium*.
d) *Echinoccus granulosis*.

## 18. Para el estudio de parásitos intestinales, se utilizaría, como conservante:

a) Formol 40 %.
b) Alcohol 96 º.

c) Alcohol polivinílico.
d) Tampón fosfato.

### 19. El signo de Romaña está producido por:

a) *Trypanosoma cruzi.*
b) *Trypanosoma brucei.*
c) *Trypaosoma sagiata.*
d) *Tripanosoma gondii.*

### 20. El *Plasmodium vivax* produce en la célula huésped una granulación discreta y roja denominada:

a) Cuerpos de Papenheinm.
b) Bastones de Auer.
c) Punteado de Schüffner.
d) Anillos de Cabot.

En MADTEST tienes **más preguntas de este tema**, y todos tus avances quedan registrados y se reflejan en el ranking.

**¡Supera tus límites con MADTEST!**

# Solución al test n.º 26

**1.** b) El diagnóstico es sencillo pues basta con el análisis de solo muestra de heces.

**2.** c) Exudado vaginal.

**3.** c) Ciliado.

**4.** b) Anemia hemolítica.

**5.** b) Por mosquitos.

**6.** c) El hallazgo de los huevos en heces.

**7.** b) Trematodo.

**8.** b) El quiste hidatídico.

**9.** c) *Toxocara canis*.

**10.** d) Quiste.

**11.** c) El hábitat del adulto es el intestino delgado (duodeno).

**12.** c) Malaria.

**13.** c) *Echinococcus granulosus*.

**14.** d) En todo lo anterior se pueden conservar.

**15.** b) Test de Graham.

**16.** a) Es un protozoo parásito intracelular obligado, produce transmisión transplacentaria, pudiendo producir infección al feto.

**17.** c) *Taenia solium*.

**18.** c) Alcohol polivinílico.

**19.** a) *Trypanosoma cruzi*.

**20**. c) Punteado de Schüffner.

**Virología: clasificación, métodos de estudio e identificación. Viriasis**

**1. Es falso que los virus:**

a) Están formados por ácido nucleico, cápside y en algunos casos envoltura externa.
b) Su ácido nucleico puede ser ADN o ARN.
c) Se multiplican fuera de la célula.
d) No son visibles al microscopio óptico.

**2. En los virus, el soporte de la información genética de la capacidad de replicación y de su potencial infeccioso reside en:**

a) El ácido nucleico.
b) La cápside.
c) Las enzimas.
d) La envoltura.

**3. No pertenece a la familia *Herpesviridae*:**

a) Virus de la varicela-zóster.
b) Virus de la parotiditis.
c) Citomegalovirus.
d) Virus de Epstein-Barr.

**4. La secuencia de la infección en un virus es:**

a) Penetración -adhesión-replicación- liberación-recombinación.
b) Adsorción-penetración-liberación de ácido nucleico.
c) Replicación-adhesión-recombinación-liberación-penetración.
d) Penetración-liberación-adhesión-recombinación-replicación.

**5. La simetría estructural de la cápside del adenovirus es:**

a) Icosaédrica.
b) Clínica.

c) Helicoidal.
d) Esférica.

**6. ¿Qué técnica se emplearía para ampliar secuencias de ácidos nucleicos virales?**

a) PCR.
b) Aglutinación por látex.
c) Técnicas de neutralización.
d) Técnicas de inhibición de la hemaglutinación.

**7. Los corpúsculos de Negri se producen en:**

a) Paperas.
b) Rabia.
c) Sarampión.
d) Rubéola.

**8. ¿Cuál de los siguientes marcadores séricos del virus de la hepatitis B aparece después de la administración de la vacuna o gammaglobulinas específicas?**

a) HBsAg.
b) Anti-HBs.
c) Anti-HBc.
d) Anti-HBe.

**9. La prueba rápida para la mononucleosis infecciosa detecta en sangre el total de proteínas sanguíneas conocida como anticuerpos heterófilos, producidos por el sistema inmune en respuesta a la infección por:**

a) Parvovirus B9.
b) Virus de Epstein-Barr.
c) Adenovirus.
d) Parainfluenza virus.

**10. ¿Cuál de los siguientes virus es ARN?**

a) Virus de la hepatitis C.
b) Virus de la hepatitis B.
c) Citomegalovirus.
d) Virus Herpes simple.

**11. El virus de la rubeola pertenece a la familia de los:**

a) Rhabdovirus.
b) Togavirus.

c) Ortomixovirus.
d) Paramixovirus.

**12. En un paciente VIH positivo, ¿qué marcadores de linfocitos T deberíamos tener en cuenta?**

a) CD4.
b) CD5 y CD3.
c) CD20.
d) CD69 y CD25.

**13. ¿Qué métodos de determinación de la carga viral se engloban con la denominación genérica de "amplificación del blanco"?**

a) Amplicor.
b) NASBA.
c) B-ADN.
d) Las respuestas a) y b) son correctas.

**14. Una vez liberado el ARN del virus se debe retranscribir la molécula de ARN en ADN, para ello se utiliza:**

a) Isotiocinato de *guanidinium*.
b) Enzima rTth ADN polimerasa de *Thermus thermophilus*.
c) Cebadores biotinilados.
d) Oligonucleótidos.

**15. No es una característica de la carga viral:**

a) Es un buen marcador de laboratorio.
b) Tiene buena sensibilidad.
c) No permite un correcto seguimiento.
d) Tiene buena reproducibilidad.

**16. La carga viral del virus de la hepatitis C se determina mediante:**

a) Reacción en cadena de la polimerasa.
b) Espectrofotometría.
c) Nefelometría.
d) Aglutinación.

**17. Indica la opción incorrecta con respecto a la toma de muestras para cultivos microbiológicos:**

a) En general deben cultivarse antes de entre 24 horas y algunas deben sembrarse inmediatamente después de tomarlas.
b) Si la muestra se genera en horas en que el laboratorio está cerrado debe conservarse en nevera a una temperatura entre 4 ºC y 8 ºC.

c) Si la muestra se siembra directamente en el medio de cultivo (hemocultivo) debe mantenerse en incubadora a 35-37 ºC o en su defecto a temperatura ambiente.

d) Todas las muestras deben ser trasportadas lo antes posible al laboratorio de micro-biología.

### 18. ¿Cuál de las siguientes pruebas se utiliza para la detección de anticuerpos en el diagnóstico serológico de la mononucleosis infecciosa?

a) ELISA.
b) Test de Paul-Bunnell.
c) PCR.
d) Citometría e flujo continuo.

### 19. ¿Cuál es la segunda neoplasia más frecuente en los pacientes con Sida?

a) Sarcoma de Kaposi.
b) Linfoma no Hodgkin.
c) Linfoma primario del SNC.
d) Enfermedad de Hodgkin.

### 20. El virus del VIH:

a) Se replica e infecta a los linfocitos CD4 y también a otras células.
b) Se ha aislado de sangre, semen, leche materna, etc.
c) Su transmisibilidad depende de la cantidad de virus infeccioso presente, cepa viral, defensas del huésped y vía de transmisión.
d) Todas son correctas.

En MADTEST tienes **más preguntas de este tema**, y todos tus avances quedan registrados y se reflejan en el ranking.

**¡Supera tus límites con MADTEST!**

# Solución al test n.º 27

**1.** c) Se multiplican fuera de la célula.

**2.** a) El ácido nucleico.

**3.** b) Virus de la parotiditis.

**4.** b) Adsorción-penetración-liberación de ácido nucleico.

**5.** a) Icosaédrica.

**6.** a) PCR.

**7.** b) Rabia.

**8.** b) Anti-HBs.

**9.** b) Virus de Epstein-Barr.

**10.** a) Virus de la hepatitis C.

**11.** b) Togavirus.

**12.** a) CD4.

**13.** d) Las respuestas a) y b) son correctas.

**14.** b) Enzima rTth ADN polimerasa de Thermus thermophilus.

**15.** c) No permite un correcto seguimiento.

**16.** a) Reacción en cadena de la polimerasa.

**17.** a) En general deben cultivarse antes de entre 24 horas y algunas deben sembrarse inmediatamente después de tomarlas.

**18.** b) Test de Paul-Bunnell.

**19.** b) Linfoma no Hodgkin.

**20.** d) Todas son correctas.

**Diagnóstico y seguimiento serológico de enfermedades infecciosas: bacterianas, fúngicas, víricas y parasitarias**

**1. No es un objetivo del diagnóstico serológico:**

a) Conocimiento de la cantidad de microorganismos invasores.
b) Conocimiento del estado inmunitario de un individuo previo a la vacunación.
c) Diagnóstico retrospectivo.
d) Diagnóstico de infecciones en pacientes con tratamiento antibiótico.

**2. No es una enfermedad bacteriana diagnosticada por serología:**

a) Brucelosis.
b) Mononucleosis.
c) *Mycoplasma pneumoniae.*
d) Coxiella.

**3. No es una enfermedad fúngica diagnosticada mediante serología:**

a) Sífilis.
b) Rubéola.
c) Hepatitis.
d) Ninguna lo es.

**4. La muestra de elección para la demostración de antígenos de** *Legionella* **es:**

a) Esputo.
b) Moco.
c) Sangre.
d) Orina.

**5. ¿Qué se entiende por seroconversión?**

a) La aparición de anticuerpos en sangre.
b) El aumento en la concentración de anticuerpos específicos cuando comparamos dos muestras de suero en un paciente.

c) La sustitución de anticuerpos IgM por IgG.

d) Cualquier cambio del estado serológico del individuo.

**6. Se considera como evidencia de infección activa la detección serológica de:**

a) IgG.

b) IgA.

c) IgM.

d) IgD.

**7. El diagnóstico serológico de la mononucleosis infecciosa se realiza:**

a) Mediante la detección de anticuerpos heterófilos.

b) Mediante la detección de anticuerpos IgM.

c) Mediante el test de Paul-Bunnell.

d) Todas son correctas.

**8. La técnica de aglutinación en látex para *Criptococcus neoformans*:**

a) Es una prueba únicamente cuantitativa.

b) Permite detectar el antígeno capsular polisacárico de *cryptococcus*.

c) Si existe aglutinación la prueba es negativa.

d) Todas son correctas.

**9. Una de las siguientes técnicas serológicas no se utiliza para el estudio de parásitos:**

a) PCR.

b) Precipitación.

c) Inmunoanálisis.

d) Fluorescencia.

**10. Cuando un individuo se pone en contacto con un antígeno, ¿qué ocurre?**

a) Aparición precoz de IgM.

b) Aparición precoz de IgG.

c) Aparición de anticuerpos en suero y del sistema del complemento.

d) Todas son correctas.

**11. El título de suero es:**

a) La última dilución con resultado negativo.

b) Diluciones seriadas de suero que irán disminuyendo en antígeno.

c) La última dilución con resultado positivo.

d) Una técnica serológica poco utilizada.

**12. La medida de resultado de una prueba serológica:**

a) Se realiza mediante Unidades Internacionales o Unidades arbitrarias.

b) Estas unidades se calculan comparando el valor obtenido con la muestra problema con la de un patrón o muestra calibradora realizadas simultáneamente.

c) El suero calibrador marca el límite entre los valores positivos (significativos en la clínica) y los resultados negativos de tal manera que los valores superiores al calibrador se consideran positivas y las inferiores al mismo negativas.

d) Todas son correctas.

**13. Para la detección de IgM es necesario:**

a) Una muestra extraída en la fase aguda.

b) Dos muestras, una extraída en la fase aguda y otra en la fase de convalecencia.

c) Tres muestras. En pico febril, fase aguda y fase de convalecencia.

d) Las que sean necesarias.

**14. Las determinaciones de respuesta inmunológica específica frente a *M. pneumoniae* se realizan mediante la técnica de:**

a) RIA.

b) ELISA.

c) FC.

d) FRAt.

**15. Señala el enunciado correcto en relación con las técnicas serológicas utilizadas para *M. Pneumoniae*:**

a) La técnica FC determina principalmente IgM, y en menor medida IgG.

b) La demostración de un incremento de 4 veces el título entre una muestra de la fase aguda y una de la fase de convalecencia, ofrece gran sensibilidad.

c) Es una técnica muy compleja.

d) Todas son correctas.

**16. Una de las siguientes no es una técnica serológica que se utilice para el estudio de *M. pneumoniae*:**

a) IF.

b) Aglutinación.

c) Electroforesis.

d) EIA.

**17. ¿Cuál es el mejor indicador de infección aguda por *M. pneumoniae*?**

a) IgM.

b) IgG.

c) IgA.
d) IgE.

**18. Señala el enunciado correcto en relación con *Chlamydia pneumoniae*:**

a) Produce infecciones respiratorias altas y bajas.
b) La infección del aparato respiratorio se manifiesta por una variedad de cuadros clínicos que incluyen desde una infección asintomática a la neumonía intersticial.
c) La neumonía por este patógeno es considerada la tercera en frecuencia dentro de las neumonías extrahospitalarias.
d) Todas son correctas.

**19. El diagnostico serólogico de *C. pneumonia*:**

a) Se realiza por microinmunofluorescencia.
b) Títulos mayores o iguales a 4 son diagnósticos de la enfermedad.
c) Se realiza por fluorescencia directa.
d) Todas son correctas.

**20. ¿Qué tipo de muestra se necesita para realizar técnicas serológicas para *Legionella*?**

a) Cualquier muestra clínica.
b) Esputo.
c) Secreciones respiratorias contaminadas por otras bacterias.
d) Orina.

En MADTEST tienes **más preguntas de este tema**, y todos tus avances quedan registrados y se reflejan en el ranking.

**¡Supera tus límites con MADTEST!**

# Solución al test n.º 28

**1.** a) Conocimiento de la cantidad de microorganismos invasores.

**2.** b) Mononucleosis.

**3.** d) Ninguna lo es.

**4.** d) Orina.

**5.** b) El aumento en la concentración de anticuerpos específicos cuando comparamos dos muestras de suero en un paciente.

**6.** c) IgM.

**7.** d) Todas son correctas.

**8.** b) Permite detectar el antígeno capsular polisacárico de *cryptococcus*.

**9.** a) PCR.

**10.** a) Aparición precoz de IgM.

**11.** c) La última dilución con resultado positivo.

**12.** d) Todas son correctas.

**13.** a) Una muestra extraída en la fase aguda.

**14.** c) FC.

**15.** d) Todas son correctas.

**16.** c) Electroforesis.

**17.** c) IgA.

**18.** d) Todas son correctas.

**19.** a) Se realiza por microinmunofluorescencia.

**20.** d) Orina.

**21.** c) Inmunofluorescencia indirecta.

**Estudio del equilibrio hidroelectrolítico y ácido-base. Determinación de iones, pH y gases en sangre arterial y venosa**

**1. Un anión es:**

a) Una sustancia que es atraída por el polo positivo.
b) Una sustancia que es atraída por el polo negativo.
c) Una sustancia que es atraída por el cátodo.
d) Una sustancia neutra.

**2. Las sustancias que al disociarse aportan al medio hidrogeniones, se denominan:**

a) Bases.
b) Grupos hidroxilos.
c) Ácidos.
d) Protones.

**3. Cuando los iones son atraídos por un polo negativo se denomina:**

a) Anión.
b) Calión.
c) Catión.
d) Base.

**4. La acidosis respiratoria aparece cuando:**

a) La concentración de $CO_2$ en el organismo está aumentando.
b) La concentración de $CO_2$ en el organismo está disminuyendo.
c) La concentración de $O_2$ en el organismo está aumentando.
d) La concentración de $O_2$ en el organismo está disminuyendo.

**5. Al comienzo del desequilibrio, el primer tampón que se activa es:**

a) Fosfato.
b) Hemoglobina.

c) Bicarbonato.
d) Ninguna de las anteriores es correcta.

### 6. El electrodo de plata/cloruro de plata:

a) Consta de un alambre de plata que está recubierto de cloruro de plata.
b) Consta de un alambre de cloruro de plata que está recubierto de plata.
c) Permanecen en equilibrio la plata y el cloruro de plata.
d) Consta de un alambre de plata que no está recubierto de cloruro de plata.

### 7. Los niveles normales de $PCO_2$ en sangre son:

a) 52-56 mmHg.
b) 36-41 mmHg.
c) 38-42 mmHg.
d) 28-32 mmHg.

### 8. El contenido total de oxígeno en sangre se determina a partir de:

a) $PO_2$, de la hemoglobina y de la saturación de hemoglobina.
b) $O_2$, de la hemoglobina y de la saturación de hemoglobina.
c) $CO_2$, de la hemoglobina y de la saturación de hemoglobina.
d) $PO_2$, de la hemoglobina y de la concentración de hemoglobina.

### 9. Es falso que el tampón fosfato:

a) Ejerza su función principalmente en la sangre.
b) Es un ácido muy fuerte que mantiene un pH de 6,8.
c) Es muy importante en la orina.
d) Este tampón convierte bases fuertes en sales neutras y agua.

### 10. Las bases son las sustancias que:

a) En disolución aportan al medio hidrogeniones, es decir, capaces de ceder un protón a otra sustancia (dador de protones).
b) Al disociarse aportan al medio grupos hidroxilos, o que capten hidrogeniones (aceptor de protones).
c) Al disociarse aportan al medio grupos hidroxilos, o que no capten hidrogeniones (aceptor de neutrones).
d) Las respuestas a) y b) son correctas.

### 11. Sörensen definió el pH en 1909 como el logaritmo negativo de la concentración de hidrogeniones con la siguiente fórmula:

a) pH = –Log [H+]
b) $H_2O$ = H+ + OH+

c) $H_2O = H+ + OH-$
d) $pH = +Log [H-]$

## 12. El bicarbonato es un tampón:

a) Intracelular.
b) Pulmonar.
c) Extracelular.
d) Pulmonar.

## 13. Las proteínas plasmáticas se comportan como sustancias:

a) Anfolitas.
b) Neutras.
c) Básicas.
d) Las respuestas c) y b) son correctas.

## 14. Las tres formas de regular el pH del medio que presenta el riñón son:

a) Segregando amonio, acidificando las sales de fosfato y reabsorción de bicarbonato.
b) Absorción de amonio, acidulando las sales de fosfato y segregando bicarbonato.
c) Segregando amonio, acidificando las sales de bicarbonato, reabsorción de fosfato.
d) Acidificando las sales de fosfato, segregando amonio y reabsorción de fosfato.

## 15. ¿Cuál de las siguientes no es una clínica de un paciente con acidosis metabólica?

a) Dolor abdominal.
b) Debilidad general.
c) Respiración de Kussmaul.
d) Vértigos.

## 16. La principal causa de la alcalosis metabólica reside en:

a) La pérdida de jugos gástricos como consecuencia de vómitos repetidos o aspiración gástrica.
b) La pérdida de jugos gástricos como consecuencia de vómitos poco repetidos.
c) La pérdida de jugos gástricos como consecuencia de vómitos repetidos o incontinencia urinaria.
d) Las definiciones son erróneas.

## 17. Electrodo de referencia y electrodo indicador se usan para:

a) Determinar el Hg de una muestra sanguínea.
b) Determinar el Cl2 de una muestra sanguínea.

c) Determinar el pH de una muestra sanguínea.

d) Determinar el Hg2 de una muestra sanguínea.

## 18. Los valores normales de sangre arterial en saturación de O2 son:

a) 60-85.

b) 84-100.

c) 94-100.

d) 64-110.

## 19. La denominación de gasometría arterial es:

a) La determinación de los diferentes niveles de gases que podemos obtener en sangre arterial.

b) La determinación de los diferentes niveles de gases que podemos obtener en sangre venosa.

c) La determinación de los diferentes niveles de agua que podemos obtener en sangre arterial.

d) La comprobación de los diferentes niveles de gases que podemos obtener en sangre arterial.

## 20. La respiración es la encargada de controlar los niveles de:

a) O2 en el organismo.

b) H2O en el organismo.

c) CO2 en el organismo.

d) CaCO3 en el organismo.

En MADTEST tienes **más preguntas de este tema**, y todos tus avances quedan registrados y se reflejan en el ranking.

**¡Supera tus límites con MADTEST!**

# Solución al test n.º 29

**1.** a) Una sustancia que es atraída por el polo positivo.

**2.** c) Ácidos.

**3.** c) Catión.

**4.** a) La concentración de $CO_2$ en el organismo está aumentando.

**5.** c) Bicarbonato.

**6.** a) Consta de un alambre de plata que está recubierto de cloruro de plata.

**7.** c) 38-42 mmHg.

**8.** a) $PO_2$, de la hemoglobina y de la saturación de hemoglobina.

**9.** a) Ejerza su función principalmente en la sangre.

**10.** b) Al disociarse aportan al medio grupos hidroxilos, o que capten hidrogeniones (aceptor de protones).

**11.** a) $pH = -Log[H+]$.

**12.** c) Extracelular.

**13.** a) Anfolitas.

**14.** a) Segregando amonio, acidificando las sales de fosfato y reabsorción de bicarbonato.

**15.** d) Vértigos.

**16.** a) La pérdida de jugos gástricos como consecuencia de vómitos repetidos o aspiración gástrica.

**17.** c) Determinar el pH de una muestra sanguínea.

**18.** c) 94-100.

**19.** a) La determinación de los diferentes niveles de gases que podemos obtener en sangre arterial.

**20.** c) $CO_2$ en el organismo.

## Hidratos de carbono. Función, estructura y metabolismo. Patología relacionada

**1. ¿Cuál de las siguientes afirmaciones sobre los polisacáridos es falsa?**

a) Son solubles en agua.
b) Presentan multitud de monosacáridos unidos.
c) No suelen ser dulces.
d) Pueden activar el peristaltismo intestinal.

**2. El glucógeno se encuentra principalmente en:**

a) Osteocitos.
b) Neuronas.
c) Células hepáticas.
d) Nefronas.

**3. Los hidratos de carbono se encuentran en el líquido sinovial para cumplir su función:**

a) Energética.
b) Lubricante.
c) Estructural.
d) Nutricional.

**4. Es una hormona hiperglucemiante:**

a) Tiroxina.
b) Insulina.
c) Somatostatina.
d) Adrenalina.

**5. La enfermedad de Cori es una alteración de la enzima:**

a) Fosforilasa hepática E.
b) Desramificante del glucógeno.

c) Glucógeno fosforilasa muscular.
d) Alfaglucosidasa.

**6. En el trastorno del metabolismo del piruvato los pacientes presentan:**

a) Alteraciones neurológicas.
b) Alteraciones oftalmológicas.
c) Afectación sistémica.
d) Alteraciones en el uso de la energía.

**7. En la prueba de Molish se origina un producto de color:**

a) Azul.
b) Verde.
c) Rojo.
d) Púrpura.

**8. Aparecerá una coloración rojiza por la reducción de cobre en:**

a) La prueba de Seliwanoff.
b) Reacción de Fehling.
c) Reacción de Benedict.
d) Reacción de Barfoed.

**9. La prueba de Sellwanoff es específica para:**

a) Cetosas.
b) Fructosa.
c) Citrato.
d) Todas son ciertas.

**10. La reacción GOD POD es:**

a) Una reacción en dos fases.
b) Usa hexoquinasa.
c) Presenta un reductor azulado.
d) Todas son ciertas.

**11. La Diabetes Mellitus (DM):**

a) Presenta hiperglucemia.
b) Aparece por una resistencia a la acción de la insulina.
c) Es la enfermedad endocrina más habitual.
d) Todas son ciertas.

**12. La mayoría de los pacientes con DM tipo 1 presentan:**

a) HLA DR2.
b) HLA DR3.
c) HLA DM1.
d) Todas son ciertas.

**13. El factor dietético más importante de la DM2 es:**

a) Vómitos repetidos.
b) Obesidad.
c) Sedentarismo.
d) Malnutrición.

**14. La ADA no estableció como un tipo de diabetes:**

a) Infantil.
b) DM tipo 2.
c) DM tipo 1.
d) Diabetes gestacional.

**15. La Diabetes Mellitus tipo 1 presenta un pico máximo de aparición a los:**

a) 35 años.
b) 20 años.
c) 14 años.
d) 2 años.

**16. La cetoacidosis diabética no presenta:**

a) Glucemia > 300 mg/dl.
b) pH > 7.2.
c) $HCO_3$ < 15.
d) Aparición de cetonemia.

**17. En la Diabetes Mellitus tipo 2 no es habitual usar como tratamiento inicial:**

a) La dieta.
b) El ejercicio.
c) La insulina.
d) Los hipoglucemiantes orales.

**18. El diagnóstico de diabetes gestacional se realiza en la semana:**

a) 24/28.
b) 12/15.

c) 30/32.
d) 4/6.

**19. El test de screening de la diabetes gestacional se considerará positivo si presenta valores superiores a:**

a) 120 mg/dl.
b) 130 mg/dl.
c) 140 mg/dl.
d) 190 mg/dl.

**20. La glucosa basal se determina:**

a) Tras 6 horas de ayuno.
b) Tras 8 horas de ayuno.
c) Tras 24 horas de ayuno.
d) A cualquier hora del día.

En MADTEST tienes **más preguntas de este tema**, y todos tus avances quedan registrados y se reflejan en el ranking.

**¡Supera tus límites con MADTEST!**

# Solución al test n.º 30

**1.** a) Son solubles en agua.

**2.** c) Células hepáticas.

**3.** b) Lubricante.

**4.** d) Adrenalina.

**5.** b) Desramificante del glucógeno.

**6.** a) Alteraciones neurológicas.

**7.** d) Púrpura.

**8.** b) Reacción de Fehling.

**9.** a) Cetosas.

**10.** a) Una reacción en dos fases.

**11.** d) Todas son ciertas.

**12.** b) HLA DR3.

**13.** b) Obesidad.

**14.** a) Infantil.

**15.** c) 14 años.

**16.** b) pH >7.2.

**17.** c) La insulina.

**18.** a) 24/28.

**19.** c) 140 mg/dl.

**20.** b) Tras 8 horas de ayuno.

## Estudio de las proteínas séricas e interpretación del proteinograma. Patología relacionada

**1. Las proteínas se componen de:**

a) Carbono.
b) Hidrógeno.
c) Nitrógeno.
d) Todas son ciertas.

**2. La tirosina es un aminoácido que según su estructura pertenece al grupo de:**

a) Diaminomonocarboxílico.
b) Monoaminomonocarboxílico sulfatado.
c) Monoaminomonocarboxílico alcalino.
d) Cíclico aromático.

**3. ¿Cuál de los siguientes es un aminoácido monoaminomonocarboxílico alcalino?**

a) Valina.
b) Cisteína.
sc) Metionina.
d) Treonina.

**4. No es un aminoácido cíclico aromático:**

a) Triptófano.
b) Fenilalanina.
c) Glutamato.
d) Histidina.

**5. Una conformación en giro pertenece a una estructura:**

a) Primaria.
b) Secundaria.

c) Terciaria.
d) Cuaternaria.

**6. La albúmina sérica:**

a) Presenta una vida media de 40 días.
b) Es la principal responsable de la presión oncótica.
c) Presenta un peso molecular muy alto.
d) Todas son ciertas.

**7. ¿De qué factores de estos depende la solubilidad en plasma de las proteínas séricas?**

a) La temperatura.
b) La fuerza iónica y el pH.
c) Las propiedades eléctricas del disolvente.
d) Todo lo anterior.

**8. ¿Qué proteína sérica de estas presenta el menor pH isoeléctrico?**

a) Ureasa.
b) Pepsina.
c) Citocromo C.
d) Globulina.

**9. ¿A partir de qué temperatura las proteínas se desnaturalizan y por ello su solubilidad cae en picado?**

a) Mayor de 20 ºC.
b) Mayor de 30 ºC.
c) Mayor de 40 ºC.
d) Mayor de 50 ºC.

**10. ¿Qué método de laboratorio basado en la utilización de una corriente eléctrica controlada, se emplea con la finalidad de separar biomoléculas según su carga eléctrica y tamaño a través de una matriz gelatinosa?**

a) Cromatografía de intercambio iónico.
b) Métodos de la especificidad de los ligandos.
c) Métodos electroforéticos.
d) Ultrafiltración.

**11. ¿Qué técnica se empleará para separar las proteínas basándonos en la especificidad de los ligandos?**

a) Cromatografía de intercambio iónico.
b) Cromatografía de afinidad.

c) Método electroforético.
d) Ultrafiltración.

**12. Si una vitamina está asociada a la enzima para realizar su actividad se denomina:**

a) Holoenzima.
b) Activador.
c) Coenzima.
d) Apoenzima.

**13. ¿Qué tipo de sustancias pueden aumentar la velocidad de la reacción?**

a) Iones metálicos.
b) Vitaminas.
c) Proteínas.
d) Fármacos.

**14. El método para determinar la actividad enzimática que mide la velocidad de reacción, se denomina:**

a) Método cinético.
b) Método a punto inicial.
c) Método a punto final.
d) Método a punto intermedio.

**15. Señala el enunciado incorrecto en relación a las características de las enzimas utilizadas como marcadores de lesión tisular:**

a) Las enzimas que se utilizan en el diagnóstico son enzimas extracelulares cuya concentración en plasma es muy baja.
b) Su relación concentración/plasma en tejidos es < 1:1000.
c) La presencia de niveles elevados de enzima en suero implica lesión celular.
d) La cantidad de actividad enzimática medible depende de su liberación al medio, de la estabilidad del enzima y de su velocidad de eliminación.

**16. La constante Km:**

a) Es la concentración de sustrato a la que la reacción transcurre a la mitad de la velocidad máxima.
b) Es la velocidad referida de una concentración.
c) no tiene dimensión, es decir no mide nada.
d) Es la concentración de un sustrato referida en el tiempo.

**17. Una enzima de importancia clínica cataliza la transferencia del grupo amino de la alanina al alfa-cetoglutarato. Indícala:**

a) Fosfatasa alcalina.
b) Fosfatasa ácida no prostática.

c) GOT.
d) GPT.

**18. El sustrato utilizado generalmente en las reacciones de las técnicas cinéticas empleadas para la determinación de fosfatasas alcalinas es:**

a) p-nitrofenilfosfato.
b) p-nitrofenol.
c) alfa-cetoglutaratofosfato.
d) alfa-glutarato.

**19. El cofactor de la ALT es:**

a) Piridoxal fosfato.
b) No necesita.
c) Calcio.
d) Magnesio.

**20. La amilasa necesita como cofactor:**

a) Calcio.
b) Piridixal fosfato.
c) Magnesio.
d) No necesita.

En MADTEST tienes **más preguntas de este tema**, y todos tus avances quedan registrados y se reflejan en el ranking.

**¡Supera tus límites con MADTEST!**

# Solución al test n.º 31

**1.** d) Todas son ciertas.

**2.** d) Cíclico aromático.

**3.** d) Treonina.

**4.** c) Glutamato.

**5.** c) Terciaria.

**6.** b) Es la principal responsable de la presión oncótica.

**7.** d) Todo lo anterior.

**8.** b) Pepsina.

**9.** c) Mayor de 40 ºC.

**10.** c) Métodos electroforéticos.

**11.** b) Cromatografía de afinidad.

**12.** c) Coenzima.

**13.** a) Iones metálicos.

**14.** a) Método cinético.

**15.** a) Las enzimas que se utilizan en el diagnóstico son enzimas extracelulares cuya concentración en plasma es muy baja.

**16.** a) Es la concentración de sustrato a la que la reacción transcurre a la mitad de la velocidad máxima.

**17.** d) GPT.

**18.** b) p-nitrofenol.

**19.** a) Piridoxal fosfato.

**20.** a) Calcio.

## Lípidos, lipoproteínas y apoproteinas plasmáticas: Función, estructura y metabolismo. Patología relacionada

**1. Los lípidos saponificables:**

a) Presentan una energía negativa.
b) Poseen ácidos grasos.
c) Son principalmente terpenos.
d) Se disuelven en ácidos.

**2. Si separamos las lipoproteínas por centrifugación los quilomicrones se correlacionan con:**

a) Alfa lipoproteínas.
b) Beta lipoproteínas.
c) Pre – beta lipoproteínas.
d) Quilomicrones.

**3. Cuando un paciente tiene una obstrucción de las vías biliares presentará una:**

a) LDL.
b) Lipoproteína a.
c) Lipoproteína x.
d) IDK.

**4. En cuanto a los triglicéridos, es falso que:**

a) Sean las grasas más transportadas en el organismo.
b) Sus niveles varían con la edad.
c) Pueden ser formados por el hígado.
d) Su principal función es transportar otras lipoproteínas.

**5. El colesterol no es un precursor de:**

a) Hormonas sexuales.
b) Vitamina A.

c) Hormonas corticoesteroideas.
d) Sales biliares.

### 6. Los ácidos grasos insaturados:

a) Presentan enlaces dobles.
b) Forman parte del colesterol.
c) Forman parte de los ésteres.
d) Todas son ciertas.

### 7. Los fosfoglicéridos más abundante son:

a) Hormonas sexuales.
b) Cefalina.
c) IDL.
d) Todas son ciertas.

### 8. La disbetalipoproteinemia es una:

a) Hiperlipoproteinemia.
b) Hipercolesterolemia aislada.
c) Hiperlipemia mixta.
d) Descenso del colesterol – HDL.

### 9. La función de la lipoproteinlipasa sobre los quilomicrones es:

a) La emulsión de grasas ingeridas.
b) Destrozar los monoglicéridos básicos en moléculas menores.
c) La destrucción de los quilomicrones remanentes.
d) Romper los triglicéridos presentes en los quilomicrones.

### 10. Para formar las VLDL se van a unir:

a) Lípidos endógenos, fosfolípidos, apoproteínas y colesterol.
b) Macrófagos y LDL.
c) Monoglicéridos y ácidos grasos libres.
d) Ésteres y triglicéridos.

### 11. ¿Cuál de las siguientes afirmaciones sobre la función de las HDL es falsa?

a) Son consideradas como un factor de protección.
b) Son reservas de colesterol.
c) Llevan colesterol al hígado para eliminarlo.
d) Su función es similar a la de las LDL.

**12. Los métodos químicos aparecen al poner en contacto el colesterol con:**

a) Ácidos fuertes concentrados.
b) Bases fuertes concentradas.
c) Enzimas proteolíticas.
d) Todas son ciertas.

**13. En el método químico de una etapa para la determinación de colesterol la muestra:**

a) No tiene ningún tipo de preparación.
b) Debe ser hidrolizada antes de realizar la prueba.
c) Debe ser teñida antes de realizar la prueba.
d) Debe ser tratada con antioxidantes antes de realizar la prueba.

**14. En el método químico de dos etapas para la determinación de colesterol eliminaremos de la muestra:**

a) Colesterol.
b) Hemoglobina.
c) Bases neutras.
d) Todas son ciertas.

**15. Para eliminar los ésteres del colesterol someteremos la muestra a:**

a) Reacción cromogénica.
b) Lisis básica.
c) Saponificación.
d) Purificación.

**16. No es una ventaja de los métodos enzimáticos:**

a) Su simplicidad.
b) Su precisión.
c) Su especificidad.
d) Solo interacciona con el colesterol libre.

**17. En la reacción de Liebermann – Buchard la oxidación presentará una absorción máxima a:**

a) 250 nm.
b) 330 nnm.
c) 410 nm.
d) 563 nm.

**18. La hidrólisis de los triglicéridos da lugar a:**

a) Ésteres y colesterol.
b) Glicerol y ácidos grasos libres.
c) Glicerol y VLDL.
d) Bases fuertes y glicerol.

**19. El método químico más usado es el de:**

a) Buchard.
b) Liebermann.
c) Kessler.
d) David.

**20. En el método enzimático para la hidrólisis de los triglicéridos usaremos:**

a) KOH.
b) Glicerol.
c) Piruvol quinasa.
d) Lipasa.

En MADTEST tienes **más preguntas de este tema**, y todos tus avances quedan registrados y se reflejan en el ranking.

**¡Supera tus límites con MADTEST!**

# Solución al test n.º 32

**1.** b) Poseen ácidos grasos.

**2.** d) Quilomicrones.

**3.** c) Lipoproteína x.

**4.** d) Su principal función es transportar otras lipoproteínas.

**5.** b) Vitamina A.

**6.** a) Presentan enlaces dobles.

**7.** b) Cefalina.

**8.** c) Hiperlipemia mixta.

**9.** d) Romper los triglicéridos presentes en los quilomicrones.

**10.** a) Lípidos endógenos, fosfolípidos, apoproteínas y colesterol.

**11.** d) Su función es similar a la de las LDL.

**12.** a) Ácidos fuertes concentrados.

**13.** a) No tiene ningún tipo de preparación.

**14.** b) Hemoglobina.

**15.** c) Saponificación.

**16.** d) Sólo interacciona con el colesterol libre.

**17.** c) 410 nm.

**18.** b) Glicerol y ácidos grasos libres.

**19.** c) Kessler.

**20.** c) Lipasa.

**Marcadores tumorales. Estudio, determinación y
tipos de marcadores tumorales en sangre. Marcadores tumorales
más utilizados: determinaciones y aplicación clínica**

**1. ¿Cuál de las siguientes afirmaciones sobre marcadores tumorales es cierta?**

a) Solo aparecen en sangre.
b) Ninguno aparece en pacientes sanos.
c) Algunos se alteran en función de la evolución de la enfermedad.
d) Todas son ciertas.

**2. La investigación proteómica:**

a) Estudia los patrones generales de las proteínas buscando alteraciones.
b) Estudia mutaciones genéticas.
c) Estudia la presencia de ARN alterado.
d) No existe la investigación proteómica.

**3. El Instituto Nacional del Cáncer (NCI) nos ofrece una serie de pautas para el uso de los marcadores, entre las que no se encuentra:**

a) Valorar el pronóstico de la enfermedad.
b) Determinar el funcionamiento del tratamiento.
c) Diagnosticar la enfermedad.
d) El NCI no ofrece ninguna pauta de uso.

**4. Entre las desventajas de los marcadores tumorales no encontramos:**

a) Pueden aparecer en valores pequeños en personas sanas.
b) En la mayoría de las situaciones es necesaria una actividad muy grande de la zona tumoral para que se eleven los marcadores.
c) Son muy específicos.
d) En algunos casos no se aprecian nunca elevaciones de los marcadores, originando falsos negativos.

**5. Las células tumorales benignas:**

a) Son indiferenciadas.
b) Guardan cierta relación estructural con las normales.
c) Crecen de forma descontrolada.
d) Son peligrosas para el organismo.

**6. Un marcador que ofrece información sobre la evolución de la enfermedad o la respuesta tumoral a un determinado tratamiento, se denomina:**

a) Diagnóstico.
b) De evolución.
c) Genómico.
d) Principal.

**7. Las proteínas que usamos como marcadores:**

a) Suelen ser oncofetales en las que cesa su inhibición.
b) Suelen ser estructurales que aumentan su disponibilidad.
c) Suelen ser genómicas que ahora se inhiben.
d) Ninguna es cierta.

**8. Si sospechamos un tumor de mama solicitaremos la proteína:**

a) Ferritina.
b) Bence-Jones.
c) Antígeno 12-5.
d) Antígeno 1-9.

**9. En un paciente que presenta niveles anormalmente altos de dopamina sospecharemos la presencia de un:**

a) Tumor de próstata.
b) Neuroblastoma.
c) Carcinoma suprarrenal.
d) Carcinoma de ovario.

**10. Si sospechamos que nuestro paciente presenta una leucemia no solicitaremos la determinación de:**

a) LDH.
b) Lisozima.
c) Amilasa.
d) Todas se deben solicitar.

**11. El método de análisis de la hidroxiprolina es:**

a) RIA.
b) ELISA.
c) HPLC.
d) Cromatografía.

**12. Para un tumor de próstata usaremos receptores:**

a) De estrógenos.
b) De andrógenos.
c) De progesterona.
d) De LTH.

**13. Las inmunoglobulinas estarán aumentadas en:**

a) Carcinoma hepatobiliar.
b) Linfosarcoma.
c) Mieloma múltiple.
d) Todas son ciertas.

**14. Nos parecerá normal un valor de la proteína de Bence-Jones de:**

a) 26.
b) 32.
c) 51.
d) Normalmente esta proteína no se debe encontrar.

**15. El marcador CA15-3 tiene un uso similar al:**

a) CA19-9.
b) CA 125.
c) CA 549.
d) Ig 13.

**16. El CgA es el principal marcador de:**

a) Tumores carcinoides.
b) Neuroblastomas.
c) Tumores de células pequeñas de pulmón.
d) Tumores epiteliales.

**17. El HE – 4 se usa como:**

a) CA 19-9.
b) CA 125.

c) CAE.
d) MCA.

### 18. La tiroglobulina está regulada por:

a) PTH.
b) LDL.
c) TSH.
d) Insulina.

### 19. El TAG – 72 aumenta en:

a) Carcinoma gástrico.
b) Cáncer de pulmón.
c) Cáncer de ovario.
d) Todas son ciertas.

### 20. Los tumores HER 2 positivo:

a) Presentan una buena respuesta al tratamiento.
b) Tienden a ser más agresivos y propagarse más rápido.
c) Presentan un crecimiento lento.
d) Son malignos.

En MADTEST tienes **más preguntas de este tema**, y todos tus avances quedan registrados y se reflejan en el ranking.

**¡Supera tus límites con MADTEST!**

# Solución al test n.º 33

**1.** c) Algunos se alteran en función de la evolución de la enfermedad.

**2.** a) Estudia los patrones generales de las proteínas buscando alteraciones.

**3.** d) El NCI no ofrece ninguna pauta de uso.

**4.** c) Son muy específicos.

**5.** b) Guardan cierta relación estructural con las normales.

**6.** b) De evolución.

**7.** a) Suelen ser oncofetales en las que cesa su inhibición.

**8.** a) Ferritina.

**9.** b) Neuroblastoma.

**10.** c) Amilasa.

**11.** c) HPLC.

**12.** b) De andrógenos.

**13.** d) Todas son ciertas.

**14.** d) Normalmente esta proteína no se debe encontrar.

**15.** c) CA 549.

**16.** a) Tumores carcinoides.

**17.** b) CA 125.

**18.** c) TSH.

**19.** d) Todas son ciertas.

**20.** b) Tienden a ser más agresivos y propagarse más rápido.

## Fisiología hepática. Marcadores séricos para el estudio de la función y de la enfermedad hepática

**1. El hígado:**

a) Es la víscera de mayor volumen del organismo.
b) Se encuentra en la parte superior de la cavidad abdominal, debajo del diafragma.
c) Ocupa el hipocondrio derecho, gran parte del epigastrio y parte del hipocondrio izquierdo.
d) Todas son correctas.

**2. La unidad funcional del hígado es:**

a) Hepatocito.
b) Lobulillo.
c) Acini.
d) Islotes de Langerhans.

**3. Sobre la bilis, no es cierto:**

a) Interviene en la digestión y absorción de hidratos en el intestino.
b) Contiene agua, bilirrubina, sales biliares, colesterol, fosfolípidos y electrolitos.
c) Uno de sus componentes es la bilirrubina que procede de la degradación de los eritrocitos.
d) La fracción de bilirrubina que permanece en el intestino delgado se transforma en estercobilina.

**4. Una de las proteínas más importantes que se sintetiza en el hígado es:**

a) Albúmina sérica.
b) Urea.
c) Ácido úrico.
d) Globulina.

**5. ¿Cómo se denomina la reacción metabólica en la que se sintetiza glucosa y glucógeno a partir de aminoácidos, glicerol, etc.?**

a) Glucogénesis.
b) Gluconeogénesis.
c) Glucogenólisis.
d) Anabolismo.

**6. El hígado es el principal órgano que mantiene la glucemia mediante:**

a) Gluconeogénesis.
b) Glucogenólisis.
c) Glucogénesis.
d) Todas son ciertas.

**7. ¿Qué otra terminología recibe la bilirrubina no conjugada?**

a) Directa.
b) Indirecta.
c) Saturada.
d) Activada.

**8. La bilirrubina en sangre circula unida a:**

a) Urobilinógeno.
b) Tiroglobulina.
c) Albúmina.
d) Circula libre.

**9. La vesícula biliar es:**

a) Tiene forma de pera.
b) Mide de 8 a 10 cm de longitud.
c) Mide de 35-40 mm de ancho.
d) Todas son correctas.

**10. Las pruebas funcionales hepáticas se realizan con la finalidad de:**

a) Determinar presencia o no de enfermedad hepática.
b) Establecer la severidad de la lesión.
c) Monitorizar el curso de la enfermedad.
d) Todas son correctas.

**11. La aspartato aminotransferasa:**

a) En casos de hepatitis agudas sus niveles están muy aumentados.
b) En caso de hepatitis crónicas sus niveles también están aumentados.

c) Se encuentra aumentada en el hepatocarcinoma.
d) Se encuentra aumentada en metástasis hepáticas.

**12. Una de las siguientes pruebas indica lesión hepática:**

a) Estudio de las aminotransferasas.
b) Estudio de la bilirrubina.
c) Estudio de globulinas.
d) Estudio de la albúmina.

**13. La GPT es una enzima:**

a) Mitocondrial.
b) Citoplasmática.
c) Nuclear.
d) Intracelular.

**14. La aspartato aminotransferasa es:**

a) Enzima GOT.
b) Enzima GPT.
c) Enzima ALT.
d) Enzima ALP.

**15. ¿Cuál de los siguientes valores, es un valor plasmático normal de la GOT?**

a) <55 U/L.
b) > 55 U/L.
c) 5-34 U/L.
d) 25-85 U/L.

**16. Es un signo de la ictericia:**

a) La coloración amarillenta de piel, mucosas y secreciones por el aumento de la concentración de la bilirrubina circulante.
b) El aumento de la GGT.
c) La disminución de la actividad de protrombina.
d) El aumento de la AFP.

**17. Es indicativo de una cirrosis de origen biliar:**

a) El aumento de la GGT.
b) El aumento de la ALP y 5-NT.
c) El aumento de la albúmina.
d) El aumento de la actividad de protrombina.

**18. Un aumento de la ALP en suero indica:**

a) Colestasis.
b) Cirrosis hepática.
c) Metástasis hepáticas, carcinoma vesicular biliar.
d) Todas son ciertas.

**19. Las determinaciones que se usan más frecuentemente para valorar la síntesis hepática son:**

a) La determinación de la bilirrubina y el urobilinógeno.
b) La determinación de la albúmina y globulina.
c) La determinación de los factores de la coagulación.
d) Las respuestas b) y c) son correctas.

**20. Las determinaciones que se usan más frecuentemente para valorar la función excretora hepática son:**

a) La determinación de los factores de coagulación.
b) Medida del amoniaco en sangre.
c) La determinación de la bilirrubina y el urobilinógeno.
d) La determinación de la albúmina y globulina.

En MADTEST tienes **más preguntas de este tema**, y todos tus avances quedan registrados y se reflejan en el ranking.

**¡Supera tus límites con MADTEST!**

# Solución al test n.º 34

**1.** d) Todas son correctas.

**2.** b) Lobulillo.

**3.** a) Interviene en la digestión y absorción de hidratos en el intestino.

**4.** a) Albúmina sérica.

**5.** b) Gluconeogénesis.

**6.** d) Todas son ciertas.

**7.** b) Indirecta.

**8.** c) Albúmina.

**9.** d) Todas son correctas.

**10.** d) Todas son correctas.

**11.** a) En casos de hepatitis agudas sus niveles están muy aumentados.

**12.** a) Estudio de las aminotransferasas.

**13.** b) Citoplasmática.

**14.** a) Enzima GOT.

**15.** c) 5-34 U/L.

**16.** a) La coloración amarillenta de piel, mucosas y secreciones por el aumento de la concentración de la bilirrubina circulante.

**17.** b) El aumento de la ALP y 5-NT.

**18.** d) Todas son ciertas.

**19.** d) Las respuestas b) y c) son correctas.

**20.** c) La determinación de la bilirrubina y el urobilinógeno.

## Estudios hormonales. Marcadores séricos para el estudio de la función y de la enfermedad endocrina

**1. ¿Cuál de los siguientes es el encargado de coordinar al sistema endocrino y al sistema nervioso periférico?**

a) Hipófisis.
h) Hipotálamo.
c) Encéfalo.
d) Bulbo raquídeo.

**2. ¿Cómo se denominan las hormonas que se regulan a sí mismas?**

a) Autocrina.
b) Paracrina.
c) Endocrina.
d) Neurocrina.

**3. ¿Qué hormona es un derivado de los eicosanoides?**

a) Andrógenos.
b) Prostaglandina.
c) LH.
d) ACTH.

**4. ¿Dónde se localiza la glándula hipófisis?**

a) En el lóbulo frontal.
b) En la silla turca silla turca del hueso esfenoides.
c) En la parte media del tiroides.
d) En los senos nasales.

**5. Es una hormona sintetizada en la adenohipófisis:**

a) CRH.
b) TRH.

c) ADH.
d) ICSH.

**6. La oxitocina es una hormona que se sintetiza en el núcleo paraventricular del hipotálamo cuyas funciones principales son:**

a) Disminución de la presión arterial y de la frecuencia cardiaca.
b) Expulsión de leche y contracción del miometrio durante el parto.
c) Aumento de la presión arterial y de la frecuencia cardiaca.
d) Ninguna es correcta.

**7. La ADH:**

a) Tiene efectos vasodilatadores mediados por la contracción del musculo esquelético arterial.
b) Tiene efectos antidiuréticos mediados por la reabsorción renal de agua en los conductos colectores corticales.
c) Estimula la excreción de socio en la porción ascendente del asa de Henle.
d) Todas son correctas.

**8. ¿Qué misión tienen las células C neuroectodérmicas de las glándulas tiroideas?**

a) Almacenar hierro.
b) Segregar hormona paratiroidea.
c) Segregar calcitonina.
d) Segregar vasopresina.

**9. ¿Qué función tienen las hormonas tiroideas?**

a) Regular el metabolismo basal.
b) Regular los procesos de crecimiento.
c) Regular la diferenciación de los tejidos.
d) Todas son funciones de las hormonas tiroideas.

**10. Mujer de 45 años con niveles de TSH alta, y T3 y T4 libres bajas, se puede considerar que presenta:**

a) Hipertiroidismo primario.
b) Hipotiroidismo primario.
c) Hipertiroidismo secundario.
d) Hipotiroidismo secundario.

**11. ¿Qué hormona sexual masculina, estimula la espermatogénesis?**

a) FSH.
b) LH.

c) Testosterona.
d) Andrógenos.

**12. ¿Qué dato analítico presenta mayor interés clínico en la tiroiditis crónica autoinmune?**

a) Anticuerpo antitiroglobulina.
b) Anticuerpos peroxidasa.
c) Anticuerpos inhibidores del receptor de la TSH.
d) Anticuerpos estimulantes del tiroides.

**13. Las pruebas de tiroxina T4 se utilizan:**

a) Para valorara la función tiroidea.
b) Para valorar la función hipotalámica.
c) Para valorar la función hipofisaria.
d) Para valorar estados hipotiroideos.

**14. La presencia de TSI, inmunoglobulina estimulante del tiroides permite diagnosticar:**

a) Adenoma tiroideo tóxico.
b) Enfermedad de Graves.
c) Tiroiditis subaguda.
d) Hipotiroidismo.

**15. Las glándulas paparatiroideas:**

a) Segregan la parathormona y regulan el metabolismo del calcio y del fósforo.
b) Se encargan de regular el metabolismo del yodo.
c) Regulan el metabolismo basal y los procesos de crecimiento.
d) Son dos y se sitúan junto al tiroides.

**16. El cortisol viaja unido a una proteína denominada:**

a) Albumina.
b) Hidrocortisona.
c) Transcortina.
d) Transferrina.

**17. En el método para la determinación de cortisol en orina aparece un cromógeno de color:**

a) Rojo.
b) Amarillo.

c) Azul.
d) Verde.

**18. Cuando los niveles de somatoprina o GH están elevados hablamos de:**

a) Gigantismo.
b) Enfermedad de Cushing.
c) Adenoma.
d) Hipergonadismo.

**19. ¿Qué hormona sexual femenina colabora en el proceso de gestación y en el desarrollo de las mamas?**

a) Estrógenos.
b) Progesterona.
c) Andrógenos.
d) LH.

**20. El síndrome de Cushing se caracteriza por:**

a) Exceso permanente de glucocorticoides en sangre.
b) Aumento de aldosterona.
c) Disminución de catecolaminas.
d) Todas son correctas.

En MADTEST tienes **más preguntas de este tema**, y todos tus avances quedan registrados y se reflejan en el ranking.

**¡Supera tus límites con MADTEST!**

# Solución al test n.º 35

**1.** b) Hipotálamo.

**2.** a) Autocrina.

**3.** b) Prostaglandina.

**4.** b) En la silla turca silla turca del hueso esfenoides.

**5.** c) ADH.

**6.** b) Expulsión de leche y contracción del miometrio durante el parto.

**7.** b) Tiene efectos antidiuréticos mediados por la reabsorción renal de agua en los conductos colectores corticales.

**8.** c) Segregar calcitonina.

**9.** d) Todas son funciones de las hormonas tiroideas.

**10.** b) Hipotiroidismo primario.

**11.** a) FSH.

**12.** a) Anticuerpo antitiroglobulina.

**13.** a) Para valorara la función tiroidea.

**14.** b) Enfermedad de Graves.

**15.** a) Segregan la parathormona y regulan el metabolismo del calcio y del fósforo.

**16.** c) Transcortina.

**17.** b) Amarillo.

**18.** a) Gigantismo.

**19.** b) Progesterona.

**20.** a) Exceso permanente de glucocorticoides en sangre.

**Técnicas de estudio de las heces: características organolépticas de las heces y determinación de sustancias eliminadas por las heces. Examen físico-químico de las heces. Cribaje del cáncer de colon mediante sangre oculta en heces**

**1. La principal sustancia secretada por el páncreas es:**

a) Lactoferrina.
b) Glucagón.
c) Lipasa.
d) Insulina.

**2. Entre las funciones del hígado no encontramos:**

a) Biotransformación de sustancias.
b) El almacenamiento de sustancias tóxicas.
c) Almacenamiento de glucosa.
d) Transformación de tóxicos en sustancias eliminables.

**3. La función principal del esfínter inferior del esófago es:**

a) Evitar el reflujo gastroesofágico.
b) Evitar la aspiración de los contenidos gastroesofágicos.
c) Evitar la activación del diafragma.
d) Todas son ciertas.

**4. De forma habitual excretamos una cantidad de heces de:**

a) 20 g.
b) 70 g.
c) 150 g.
d) 400 g.

**5. Unas heces fétidas se deberán a:**

a) Neoplasias.
b) Fístulas anales.

c) Tratamientos antibióticos.
d) Diarreas de fermentación.

**6. Si introducimos un papel tornasolado en una muestra de heces alcalinas aparecerá un color:**

a) Azul.
b) Rojo.
c) Verde.
d) Amarillo.

**7. El método más extendido para la determinación de sangre oculta en heces es:**

a) Método del guayaco.
b) Prueba de Benedict.
c) Tableta de Clinitest.
d) Test de Fisher.

**8. Para la determinación de leucocitos en heces teñiremos la muestra con:**

a) Eosina.
b) Azul de metileno de Loeffler.
c) Verde jano.
d) Nigrosina.

**9. La cantidad de cuerpos reductores en heces debe ser inferior a:**

a) 1 g/dl.
b) 0.5 g/dl.
c) 0.25 g/dl.
d) 0.1 g/dl.

**10. El test de la D – xilosa sirve para:**

a) Detectar sangre oculta en heces.
b) Detectar problemas de absorción.
c) Detectar presencia de leucocitos en heces.
d) Detectar infecciones de colon.

**11. La determinación automatizada cuantitativa de grasas se denomina:**

a) Van Kamer.
b) Whipple.
c) HDA.
d) Ninguna es cierta.

**12. La amilorrea es la presencia en heces de:**

a) Fibras musculares.
b) Células.
c) Almidón sin digerir.
d) Lípidos.

**13. Denominamos hematoquecia a:**

a) Aparición de sangre en esputo.
b) Aparición de sangre coagulada en heces.
c) Aparición de sangre roja brillante en heces.
d) Todas son ciertas.

**14. Entre las causas de la hemorragia digestiva alta (HDA) no encontramos:**

a) Varices esofágicas.
b) Esofagitis.
c) Tumores.
d) Diverticulosis crónica.

**15. Es un tipo de hemorragia digestiva baja (HBD):**

a) Melenas.
b) Rectorragia.
c) Hematoquecia.
d) Todas son ciertas.

**16. No es una prueba de la función gástrica:**

a) Determinación de la gastrina en ayunas.
b) Aclaramiento de la antitripsina.
c) Determinación de la hipersecreción ácida.
d) Determinación de Hollander.

**17. Los movimientos antiperistálticos:**

a) Producen el vómito.
b) Ayudan a la progresión del bolo alimenticio.
c) Ayudan a la trituración del bolo alimenticio.
d) Ayudan a la digestión.

**18. Unas heces fétidas se deberán a:**

a) Neoplasias.
b) Fístulas anales.

c) Tratamientos antibióticos.
d) Diarreas de fermentación.

**19. Si introducimos un papel tornasolado en una muestra de heces alcalinas aparecerá un color:**

a) Azul.
b) Rojo.
c) Verde.
d) Amarillo.

**20. El método más extendido para la determinación de sangre oculta en heces es:**

a) Método del guayaco.
b) Prueba de Benedict.
c) Tableta de Clinitest.
d) Test de Fisher.

En MADTEST tienes **más preguntas de este tema**, y todos tus avances quedan registrados y se reflejan en el ranking.

**¡Supera tus límites con MADTEST!**

# Solución al test n.º 36

**1.** d) Insulina.

**2.** b) El almacenamiento de sustancias tóxicas.

**3.** a) Evitar el reflujo gastroesofágico.

**4.** c) 150 g.

**5.** a) Neoplasias.

**6.** d) Amarillo.

**7.** a) Método del guayaco.

**8.** b) Azul de metileno de Loeffler.

**9.** c) 0.25 g/dl.

**10.** b) Detectar problemas de absorción.

**11.** a) Van Kamer.

**12.** c) Almidón sin digerir.

**13.** c) Aparición de sangre roja brillante en heces.

**14.** d) Diverticulosis crónica.

**15.** d) Todas son ciertas.

**16.** b) Aclaramiento de la antitripsina.

**17.** a) Producen el vómito.

**18.** a) Neoplasias.

**19.** d) Amarillo.

**20.** a) Método del guayaco.

**Fisiología renal y estudio de la orina. Técnicas de estudio de la orina. Examen físico de la orina y determinación de sustancias eliminadas por orina. Análisis microscópico del sedimento urinario. Cálculos urinarios**

**1. El filtrado de la orina se realiza en:**

a) Glomérulo.
b) Cápsula de Bowman.
c) Túbulos contorneados.
d) Todas son ciertas.

**2. La orina presenta un color ámbar debido a la presencia de:**

a) Urobilinógeno.
b) Urocromo.
c) Lecitina.
d) Indol.

**3. En un examen macroscópico de la orina podemos considerar normal:**

a) Una tonalidad verdosa.
b) Una tonalidad amarilla.
c) La presencia de moco.
d) Todo esto se considerará patológico.

**4. Un paciente que ingiere 4 litros de líquido y que orina 3,8 litros es un paciente:**

a) Que puede presentar diabetes.
b) Que puede tener insuficiencia renal crónica.
c) Que puede deshidratarse si no corregimos la poliuria.
d) Es un paciente normal.

**5. La diabetes insípida puede originar una orina con una densidad de:**

a) 1.040.
b) 1.015.

c) 1.005.
d) 950.

**6. Las tiras reactivas para la determinación del pH urinario deben ser guardadas:**

a) A una temperatura de 8 ºC.
b) En la nevera.
c) En lugares secos y frescos.
d) En lugares húmedos alejados de la luz.

**7. La principal proteína que nos podemos encontrar en la orina es:**

a) Albúmina.
b) Bence-Jones.
c) Alfaglobulinas.
d) Betaglobulinas.

**8. Para determinar la proteinuria mediante tiras reactivas deberemos:**

a) Utilizar una muestra que no está centrifugada.
b) Introducir la tira reactiva durante un minuto.
c) Dejar secar la tira en papel de filtro.
d) Todas son ciertas.

**9. Para realizar el método de Dhommée para la determinación de proteinuria deberemos centrifugar la muestra:**

a) 15 minutos a 1800 rpm.
b) 4 minutos a 2000 rpm.
c) 10 minutos a 3000 rpm.
d) No se debe centrifugar la muestra.

**10. Para realizar el método de Biuret para la determinación de proteínas en orina:**

a) Usaremos la primera orina de la mañana.
b) Usaremos cualquier muestra de orina.
c) Usaremos orina de 24 h.
d) No importa la muestra que se use, solo necesitamos 10 ml.

**11. El test de Fehling para la determinación de glucosuria será positivo si:**

a) Aparece un precipitado tras calentar la muestra a ebullición.
b) Aparece un precipitado tras añadir la solución.
c) Aparece un anillo amarillo que podemos cuantificar a 540.
d) El test de Fehling no determina la glucosuria.

**12. Consideraremos normal el test de Benedict si:**

a) No aparece cambio de tono ni precipitado.
b) Aparece opacidad verde pero no precipitado.
c) Aparece un sobrenadante rojo y un precipitado verde.
d) Aparece un sobrenadante azul.

**13. En el método de la ortotoluidina el color permanece estable:**

a) 30 minutos.
b) 24 h.
c) Siempre.
d) 1 hora.

**14. En la determinación de la cetonuria por el método de Rothera no añadiremos al tubo:**

a) Sulfato de amonio.
b) Suero hipertónico.
c) Nitroprusiato sódico.
d) Amoniaco.

**15. En la orina podemos determinar la bilirrubina:**

a) Directa.
b) Indirecta.
c) Libre.
d) Total.

**16. La presencia de cilindros hemáticos es indicativa de:**

a) Hemorragias en la nefrona.
b) Procesos inflamatorios.
c) Procesos degenerativos.
d) Todas son ciertas.

**17. Los cristales de carbonato cálcico se distinguirán de los de oxalato cálcico mediante:**

a) Fucsina.
b) Ácido acético.
c) Clorhidrato de potasio.
d) Uratos.

**18. Si encontramos un cristal con forma de manojo de agujas pensaremos que es de:**

a) Tirosina.
b) Ácido hipúrico.

c) Bilirrubina.
d) Todas son ciertas.

**19. Para poner de manifiesto la presencia de aspirina en la orina deberemos añadir:**

a) Cloruro férrico.
b) Acetona.
c) Zinc.
d) Acetato sódico.

**20. Los hongos aparecerán en la orina en forma:**

a) De cocos.
b) Como células ovaladas con flagelo.
c) Como formaciones ovoides e incoloras.
d) Como cristales romboidales.

En MADTEST tienes **más preguntas de este tema**, y todos tus avances quedan registrados y se reflejan en el ranking.

**¡Supera tus límites con MADTEST!**

# Solución al test n.º 37

**1.** d) Todas son ciertas.

**2.** b) Urocromo.

**3.** c) La presencia de moco.

**4.** d) Es un paciente normal.

**5.** d) 950.

**6.** c) En lugares secos y frescos.

**7.** a) Albúmina.

**8.** a) Utilizar una muestra que no está centrifugada.

**9.** b) 4 minutos a 2000 rpm.

**10.** c) Usaremos orina de 24 h.

**11.** a) Aparece un precipitado tras calentar la muestra a ebullición.

**12.** b) Aparece opacidad verde pero no precipitado.

**13.** d) 1 hora.

**14.** b) Suero hipertónico.

**15.** a) Directa.

**16.** d) Todas son ciertas.

**17.** b) Ácido acético.

**18.** d) Todas son ciertas.

**19.** a) Cloruro férrico.

**20.** c) Como formaciones ovoides e incoloras.

**Fisiología cardiaca. Pruebas de laboratorio para el estudio de las enfermedades cardiacas. Marcadores cardiacos: patrón de evolución y utilidad clínica**

**1. Es una válvula semilunar:**

a) La aórtica.
b) La mitral.
c) La tricúspide.
d) La basal.

**2. La circulación menor:**

a) Comienza en el ventrículo izquierdo.
b) Llega a los pulmones para oxigenarse.
c) Llega a todo el organismo para llevar oxígeno a los tejidos.
d) Finaliza en la aurícula derecha.

**3. ¿Cuál es la función principal del complejo de troponina en el músculo estriado y cardíaco?**

a) Regular la síntesis de proteínas contráctiles.
b) Unirse al calcio para producir energía mitocondrial.
c) Controlar el acoplamiento excitación-contracción al unirse a la tropomiosina.
d) Favorecer la regeneración de las fibras musculares tras una lesión.

**4. ¿Cuál de las siguientes afirmaciones sobre la Troponina I cardíaca (cTnI) es correcta?**

a) La cTnI aparece en plasma entre 10 y 12 horas después del daño miocárdico.
b) La cTnI se elimina rápidamente del plasma, desapareciendo en menos de 48 horas.
c) La cTnI es inespecífica y puede encontrarse en tejidos no cardíacos.
d) La cTnI presenta cardio-especificidad y puede elevarse tras una angina inestable.

**5. ¿Cuál de las siguientes afirmaciones sobre la cinética sérica de la LDH en el infarto agudo de miocardio (IAM) es correcta?**

a) La LDH alcanza su pico a los 3 o 4 días tras el IAM y puede permanecer elevada hasta 10 días.
b) La LDH se eleva precozmente, alcanzando su pico dentro de las primeras 6 horas.
c) La LDH total siempre se eleva antes que cualquier isoenzima específica en IAM.
d) El nivel máximo de LDH en IAM se observa a las 24 horas del evento.

**6. ¿Cuál de las siguientes isoenzimas de la LDH es más indicativa de infarto de miocardio, especialmente cuando supera la proporción respecto a LDH2?**

a) LDH3.
b) LDH1.
c) LDH5.
d) LDH4.7. Es falso que en el infarto de miocardio:

**7. Es falso que en el infarto de miocardio:**

a) El dolor se localiza de forma retroesternal y se extiende a cuello, hombros y espalda.
b) El dolor cede tras 2-3 minutos de reposo.
c) Existe aumento de CPK.
d) Una de sus principales causas es la arterioesclerosis.

**8. Decimos que hay una estenosis valvular cuando:**

a) Existe dificultad en el cierre de la válvula.
b) Existe dificultad en la apertura de la válvula.
c) Existe un paso de sangre excesivo hacia el compartimento contiguo.
d) Todas son ciertas.

**9. ¿Cuál de los siguientes biomarcadores es el más adecuado para detectar un infarto agudo de miocardio debido a su alta sensibilidad y especificidad?**

a) Mioglobina.
b) Creatina kinasa total (CK o CPK).
c) Troponina T o I.
d) Aspartato transaminasa (AST o GOT).

**10. ¿Cuál de las siguientes características diferencia el dolor del infarto agudo de miocardio del de la angina de pecho?**

a) Se alivia con el reposo.
b) Es menos intenso y dura pocos minutos.
c) No está relacionado con el esfuerzo y no cede con el reposo.
d) Solo aparece tras un ejercicio físico intenso.

**11. ¿Cuál de las siguientes afirmaciones sobre la mioglobina como marcador de infarto agudo de miocardio (IAM) es correcta?**

a) Es específica del tejido cardíaco y no se eleva en otras lesiones musculares.
b) Su elevación en sangre es tardía, alcanzando su pico a los 3 días.
c) Es útil como marcador precoz por su rápida liberación tras el daño muscular.
d) Se elimina del organismo exclusivamente por el sistema hepático.

**12. La mioglobina presenta un ascenso a:**

a) Los 30-45 minutos tras el fallo isquémico.
b) Las 2-3 h tras el fallo isquémico.
c) Las 4-6 h tras el fallo isquémico.
d) Las 7-9 h tras el fallo isquémico.

**13. La Troponina T (Tn) permanece elevada en lesiones isquémicas durante:**

a) 4-6 h.
b) 48 h.
c) 3 días.
d) 7 días.

**14. Cuando la Troponina T es positiva es indicador de:**

a) Daño vascular.
b) Necrosis cardiaca.
c) Valvulopatía.
d) Todas son ciertas.

**15. La CPK:**

a) Es una enzima específica del daño isquémico.
b) Presenta un pico de subida a la hora del daño.
c) Presenta un pico máximo entre las 18-30 h tras el daño.
d) Se mantiene elevada entre 7 y 14 días.

**16. El método de elección para la determinación de la CK-MB en urgencias es:**

a) Electroforesis.
b) Inmunoinhibición.
c) Técnicas enzimoinmunológicas.
d) Técnicas inmunológicas indirectas.

**17. Respecto a la relación de la LDH con el fallo cardiaco, es cierto que:**

a) La LDH presenta una isoenzima M relacionada directamente con el fallo.
b) El cociente LDH1/LDH2 es muy sugerente de infarto.

c) Lo ideal es determinar la LDH total.

d) Todas son ciertas.

**18. Entre las ventajas que presenta la determinación de la GOT en un infarto se encuentra:**

a) Su elevación precoz.

b) Su especificidad.

c) La facilidad de su determinación.

d) La GOT no presenta ventajas frente a otros determinantes.

**19. La proteína C reactiva se utiliza principalmente en problemas cardiacos:**

a) Como principal enzima diagnóstica.

b) En determinaciones tardías del daño.

c) Como factor predictivo de riesgo en pacientes con ángor.

d) Como valoración de la respuesta al tratamiento.

**20. No consideraremos normales unos valores de:**

a) CPK 92 U/L.

b) LDH 150 U/L.

c) GOT 56 U/L.

d) Todos estos valores son normales.

En MADTEST tienes **más preguntas de este tema**, y todos tus avances quedan registrados y se reflejan en el ranking.

**¡Supera tus límites con MADTEST!**

# Solución al test n.º 38

**1.** a) La aórtica.

**2.** b) Llega a los pulmones para oxigenarse.

**3.** c) Controlar el acoplamiento excitación-contracción al unirse a la tropomiosina.

**4.** d) La cTnI presenta cardio-especificidad y puede elevarse tras una angina inestable.

**5.** a) La LDH alcanza su pico a los 3 o 4 días tras el IAM y puede permanecer elevada hasta 10 días.

**6.** b) LDH1.

**7.** b) El dolor cede tras 2-3 minutos de reposo.

**8.** b) Existe dificultad en la apertura de la válvula.

**9.** c) Troponina T o I.

**10.** c) No está relacionado con el esfuerzo y no cede con el reposo.

**11.** c) Es útil como marcador precoz por su rápida liberación tras el daño muscular.

**12.** b) Las 2-3 h tras el fallo isquémico.

**13.** a) 4-6 horas.

**14.** b) Necrosis cardiaca.

**15.** c) Presenta un pico de subida a la hora del daño.

**16.** c) Técnicas enzimoinmunológicas.

**17.** b) El cociente LDH1/LDH2 es muy sugerente de infarto.

**18.** d) La GOT no presenta ventajas frente a otros determinantes.

**19.** c) Como factor predictivo de riesgo en pacientes con ángor.

**20.** c) GOT 56 U/L.

## Farmacología clínica: conceptos generales y monitorización de fármacos. Detección de drogas de abuso en sangre y en orina

**1. El rango de concentraciones en las que el fármaco es eficaz y se observa un mínimo de efectos adversos siendo la zona de los medicamentos entre la dosis mínima y la dosis máxima se denomina:**

a) Dosis de mantenimiento.
b) Dosis letal.
c) Margen de seguridad.
d) Toma.

**2. Denominamos periodo de latencia:**

a) Al tiempo transcurrido entre en el momento en el que se alcanza la concentración mínima eficaz y el momento en que desciende por debajo de dicha concentración.
b) Al tiempo que transcurre desde el momento de administración hasta que se inicia el efecto farmacológico.
c) Todas son ciertas.
d) Ninguna es cierta.

**3. El índice terapéutico:**

a) Es la cantidad de fármaco que tiene efectos terapéuticos, que son los deseados.
b) Es la proporción entre la dosis letal y la dosis terapéutica.
c) Es la cantidad de fármaco que hace su efecto.
d) Es la cantidad de fármaco que no produce un efecto tóxico ni deseado.

**4. Denominamos dosis terapéutica:**

a) A la cantidad de fármaco que provoca la muerte al 5 % de los pacientes a los a que se administra.
b) A la proporción entre la dosis letal y terapéutica.
c) A la cantidad de fármaco que produce un efecto tóxico.
d) A la cantidad de fármaco que tiene efectos terapéuticos, que son los deseados.

**5. La muestra para monitorización de fármacos recogidas en el pico son:**

a) Muestra extraída cuando se alcanza la concentración plasmática máxima.
b) Muestra extraída inmediatamente antes de la administración de la dosis siguiente.
c) Muestra donde se obtiene información sobre la eliminación corporal del medicamento.
d) Todas son correctas.

**6. La muestra para monitorización de fármacos recogidas en el valle son:**

a) Muestra extraída cuando se alcanza la concentración plasmática máxima.
b) Muestra extraída inmediatamente antes de la administración de la dosis siguiente.
c) Muestras donde se obtiene información sobre la eliminación corporal del medicamento.
d) Todas son correctas.

**7. La teofilina es:**

a) Un antibiótico.
b) Un antiepiléptico.
c) Un antineoplásico.
d) Un antiasmático.

**8. ¿Cuál es la muestra más utilizada en monitorización de fármacos?**

a) Orina.
b) Suero.
c) Sangre total.
d) Todas son correctas.

**9. De los fármacos que enunciamos a continuación, ¿en cuál se realiza una medición de valle y otra de pico?**

a) En la digoxina.
b) En el ácido valproico.
c) En la amikacina.
d) En el litio.

**10. La digoxina es:**

a) Un inmunosupresor.
b) Un cardiotrópico.
c) Un anticonvulsivo.
d) Un antibiótico.

**11. Son fármacos antineoplásicos:**

a) Lidocaína.
b) Metotrexato.
c) Digoxina.
d) Haloperidol.

**12. Las técnicas analíticas de monitorización de fármacos, tóxicos y drogas de abuso pueden ser:**

a) Inmunofelométricas.
b) Inmunoensayos.
c) Cromatografía.
d) Todas son correctas.

**13. En cuanto a la terminología relativa a drogas de abuso, se define como la necesidad progresiva de administrar cantidades crecientes de una sustancia para conseguir su efecto deseado a:**

a) Dependencia.
b) Tolerancia.
c) Abuso.
d) Síndrome de abstinencia.

**14. Dentro de las principales drogas de abuso están:**

a) En los alucinógenos: cocaína.
b) En los opiáceos: codeína.
c) En los estimulantes: alcohol.
d) En las depresoras: tabaco.

**15. Señala el enunciado correcto en relación con los ensayos inmunológicos utilizados para la detección de drogas:**

a) Los ensayos inmunológicos se realizan sin un aislamiento pre vio de la orina del analito de interés.
b) Los sistemas desarrollados para detección de drogas poseen un anticuerpo específico para una sustancia determinada o para un grupo de ellas
c) Son ensayos de competencia antígeno–anticuerpos.
d) Todas son correctas.

**16. La muestra biológica más utilizada en el análisis de drogas de abuso es:**

a) El suero.
b) El plasma.

c) La orina.
d) La saliva.

### 17. ¿Cuál es el método de referencia para la detección de drogas y mejor prueba confirmatoria?

a) LC-MS.
b) HPLC.
c) GC-MS.
d) TLC.

### 18. La cocaína se determina por:

a) Radioinmunoensayo, FPIA y enzimoinmunoensayo.
b) Inmunoquímica, cromatografía de gases y HPLC.
c) Enzimoinmunoensayo, HPLC.
d) Solo por cromatografía de gases.

### 19. ¿Qué carcinógeno se asocia con el cáncer hepatocelular?

a) Nitrito.
b) Benzopireno.
c) Monóxido de carbono.
d) Aflatoxina.

### 20. ¿Qué droga de abuso de las siguientes puede ser detectada en orina durante un mayor periodo de tiempo?

a) Cannabis.
b) Cocaína.
c) Heroína.
d) Morfina.

En MADTEST tienes **más preguntas de este tema**, y todos tus avances quedan registrados y se reflejan en el ranking.

**¡Supera tus límites con MADTEST!**

# Solución al test n.º 39

**1.** c) Margen de seguridad.

**2.** b) Al tiempo que transcurre desde el momento de administración hasta que se inicia el efecto farmacológico.

**3.** b) Es la proporción entre la dosis letal y la dosis terapéutica.

**4.** d) A la cantidad de fármacos que tiene efectos terapéuticos, que son los deseados.

**5.** a) Muestra extraída cuando se alcanza la concentración plasmática máxima.

**6.** b) Muestra extraída inmediatamente antes de la administración de la dosis siguiente.

**7.** d) Un antiasmático.

**8.** b) Suero.

**9.** c) Amikacina.

**10.** b) Un cardiotrópico.

**11.** b) Metotrexato.

**12.** d) Todas son correctas (ver apartado 2).

**13.** b) Tolerancia.

**14.** b) En los opiáceos. Codeína.

**15.** d) Todas son correctas.

**16.** c) La orina.

**17.** c) GC-MS.

**18.** b) Inmunoquímica, cromatografía de gases y HPLC.

**19.** d) Aflatoxina.

**20.** a) Cannabis.

**Conceptos básicos de genética. Técnicas de análisis cromosómico y tipos de cultivos celulares en citogenética. Utilidad en el diagnóstico prenatal. Concepto de consejo genético. Técnicas de biología molecular: Extracción de ácidos nucleicos, técnicas de reacción en cadena de la polimerasa (PCR). Secuenciación. Estudios de Arrays, Exomas, etc…**

**1. Los cromosomas corporales, que no son los sexuales, se denominan:**

a) Cromosomas heterólogos.
b) Cromosomas homólogos.
c) Gonosomas.
d) Autosomas.

**2. La constitución y disposición del cromosoma (o cromosomas) de un individuo se llama:**

a) Genoma.
b) Cariotipo.
c) Genotipo.
d) Fenotipo.

**3. ¿Qué células de la ovogénesis no participan en la fecundación?**

a) Globos o corpúsculos polares primarios.
b) Globos o corpúsculos polares secundarios.
c) Ovocitos.
d) Son ciertas a) y b).

**4. El primer método de tinción empleado para producir patrones específicos de bandas fue el método de:**

a) Bandas de Giemsa (bandas G).
b) Quinacrina (bandas Q).

c) Bandas reversas (bandas R).
d) Bandas NOR.

### 5. El extremo de cada cromosoma se denomina:

a) Centrómetro.
b) Acrómero.
c) Telómero.
d) Nada de lo anterior.

### 6. Las células diploides son también las denominadas células:

a) Vitales.
b) Somáticas.
c) Sexuales.
d) Germinales.

### 7. Una aneuploidia es:

a) El Síndrome de Turner.
b) Una triploidía.
c) Una alotetraploidía.
d) Ninguna de las anteriores.

### 8. La senescencia celular es una fase propia de:

a) Línea celular primaria.
b) Línea celular continua.
c) Línea celular secundaria.
d) Línea celular discontinua.

### 9. ¿Qué factores son necesarios para un cultivo de células?

a) Soporte físico, composición y propiedades físico-químicas del medio, la atmósfera gaseosa y las condiciones de incubación.
b) Soporte químico, composición y propiedades físico-químicas del medio, pH y las condiciones de mantenimiento.
c) Soporte físico, composición y propiedades físico-químicas del medio, la atmósfera gaseosa y las condiciones.
d) Factor físico, químico y biológico.

### 10. ¿Cuál es el parámetro más importante que se debe tener en cuenta en los recipientes para cultivo?

a) La resistencia.
b) La superficie útil de cultivo.

c) Su capacidad de vertido.
d) Todas son correctas.

**11. Las botellas Roux:**

a) Son frascos planos con tapón de rosca y disponible en muchos tamaños.
b) Su superficie varía entre 25 y 75 cm², aunque los hay de hasta 225 cm².
c) Sirven tanto para cultivo en monocapa como en suspensión.
d) Todas son correctas.

**12. ¿Qué tipo de medios de cultivos son los más utilizados para el cultivo de células?**

a) Medios naturales.
b) Medios artificiales.
c) Medios sintéticos.
d) Las respuestas b) y c) son correctas.

**13. ¿Cuál de los siguientes componentes del medio de cultivo proporciona energía a las células?**

a) Glucosa.
b) Aminoácidos.
c) Vitaminas.
d) Bicarbonato.

**14. En cuanto a la pureza de los ácidos nucleicos, ¿cómo se determina la presencia de contaminantes?**

a) Con espectrofotometría.
b) Con radiometría.
c) Con cromatografía.
d) Con electroforesis.

**15. ¿A qué temperatura es preferible guardar las muestras de ARN?**

a) A 4 ºC.
b) A -20 ºC.
c) A -80 ºC.
d) A -196 ºC.

**16. La técnica de PCR se basa en:**

a) Replicación in situ del ARN.
b) Multiplicación in vitro de ADN, mediante replicación bacteriana.
c) Síntesis enzimática para amplificar in vitro fragmentos pequeños de ácidos nucleicos que se encuentran presentes en la muestra en cantidades pequeñas.
d) Multiplicación de fragmento de ADN a través de vectores.

**17. Cuando el producto de la amplificación es usado como molde para una segunda amplificación se conoce como técnica:**

a) PCR múltiple.
b) PCR tiempo real.
c) PCR anidada.
d) RT-PCR.

**18. ¿En cuál de los pasos de la PCR se produce la hibridación con el cebador?**

a) En el 1.er paso.
b) En el 2.º paso.
c) En el 3.er paso.
d) En el 4.º paso.

**19. Señala el enunciado correcto en relación con la PCR anidada:**

a) Presenta mayor sensibilidad y especificidad.
b) Utiliza dos pares de cebadores de amplificación y dos rondas de PCR. Por lo general se utiliza un par de cebadores externos en la primera ronda de PCR de 15 a 30 ciclos.
c) Los productos de la primera ronda de amplificación se someten a una segunda ronda de amplificación utilizando la segunda serie de cebadores internos.
d) Todas con correctas.

**20. ¿Qué PCR se basa en la amplificación simultánea del gen diana o blanco y de una molécula competidora presente en cantidades conocidas? PCR:**

a) Múltiple.
b) Competitiva.
c) Transcriptasa in versa.
d) En tiempo real.

---

En MADTEST tienes **más preguntas de este tema**, y todos tus avances quedan registrados y se reflejan en el ranking.

**¡Supera tus límites con MADTEST!**

# Solución al test n.º 40

**1.** d) Autosomas.

**2.** b) Cariotipo.

**3.** d) Son ciertas a) y b).

**4.** b) Quinacrina (bandas Q).

**5.** c) Telómero.

**6.** b) Somáticas.

**7.** a) El Síndrome de Turner.

**8.** a) Línea celular primaria.

**9.** a) Soporte físico, composición y propiedades físico-químicas del medio, la atmósfera gaseosa y las condiciones de incubación.

**10.** b) La superficie útil de cultivo.

**11.** d) Todas son correctas.

**12.** d) Las respuestas b) y c) son correctas.

**13.** a) Glucosa.

**14.** a) Con espectrofotometría.

**15.** c) A -80 ºC.

**16.** c) Síntesis enzimática para amplificar in vitro fragmentos pequeños de ácidos nucleicos que se encuentran presentes en la muestra en cantidades pequeñas.

**17.** c) PCR anidada.

**18.** b) En el 2.º paso.

**19.** d) Todas con correctas.

**20.** b) Competitiva.

# Cómo acceder al Curso

## Técnico/a Superior de Laboratorio
**Test del temario**

El uso de los códigos **es exclusivo de los compradores de los productos de Editorial MAD**. Cada producto posee un código único y de un solo uso. Es personal e intransferible y da acceso a servicios y contenidos adicionales. Editorial MAD se reserva el derecho de hacer cuantas comprobaciones sean necesarias para identificar al legítimo poseedor del código y dejar de dar servicio a quien haga uso fraudulento del mismo, además de emprender cuantas acciones legales estime oportunas según la legislación vigente.

Deberás acceder a:

mad.es/registro-campus

Si una vez aceptadas las condiciones de uso del Campus decides hacer uso del mismo, necesitarás del siguiente código de acceso junto con los códigos del resto de títulos que se exigen (si fuera el caso):

3FY7C98N62